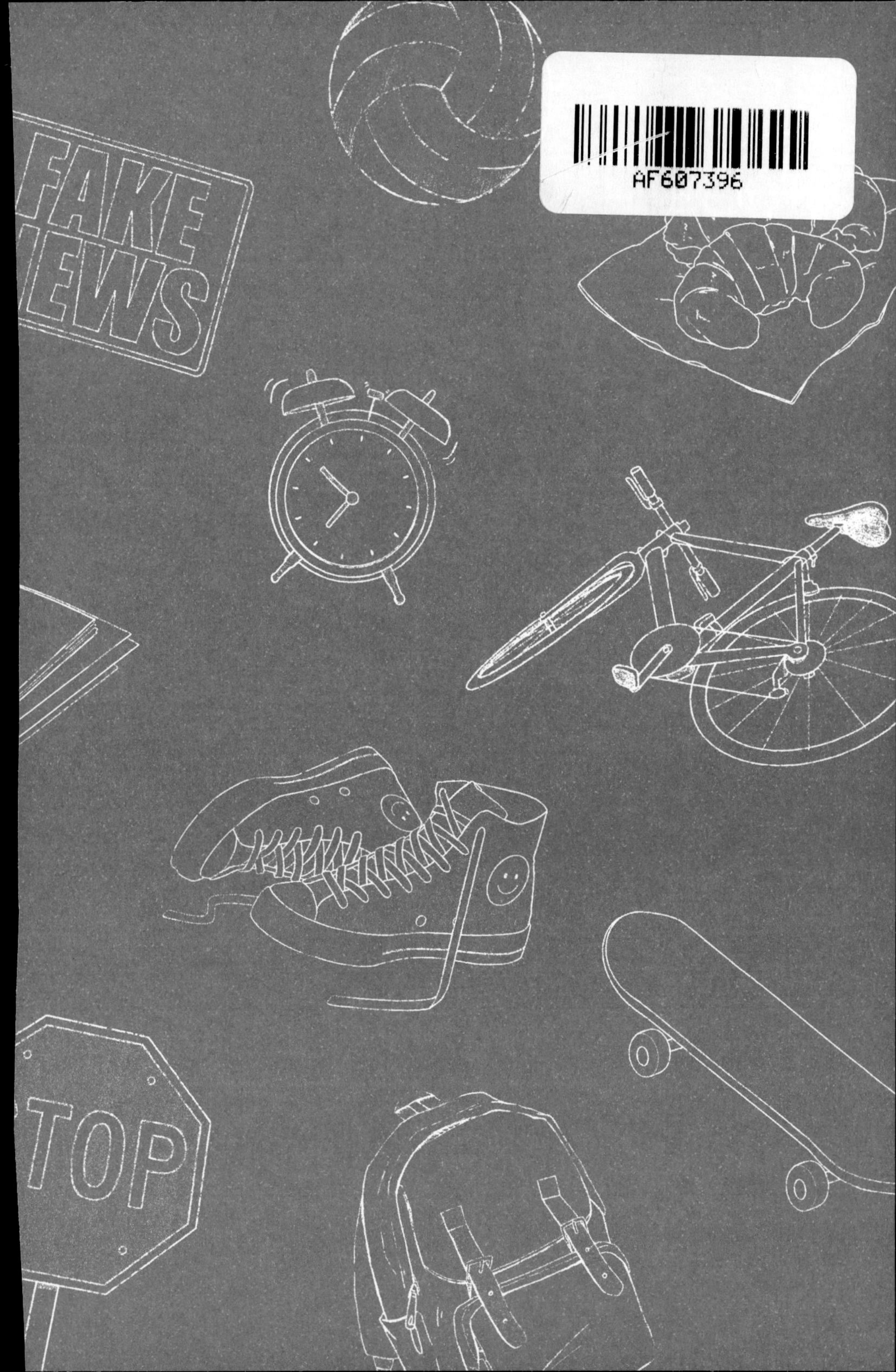
FAKE
TOP

MÍRIAM TIRADO

ILUSTRACIONES DE
SHEILA DE LA MAZA

Traducción de
Cristina Riera

B DE BLOK

Papel certificado por el Forest Stewardship Council®

Título original: *Moles molt*

Primera edición: junio de 2025
Quinta reimpresión: mayo de 2026

Diseño de la cubierta: Penguin Random House Grupo Editorial / Silvia Blanco

Printed in Spain – Impreso en España

ISBN: 978-84-10269-79-8
Depósito legal: B-6.359-2025

Compuesto por Olga Coderch
Impreso en Gómez Aparicio, S. L.
Casarrubuelos (Madrid)

BL69798

Para la adolescente que fui
y para el adolescente que me lee:
¡molas mucho y te mando un fuerte abrazo!

ÍNDICE

INTRODUCCIÓN

Te imagino ahora mismo con este libro entre manos y tal vez te da un palo tremendo ponerte a leer. Quizá incluso pienses: «¿De qué va esto?» o «¡A ver si me van a empezar a dar la lata!». Y te entiendo. Cuando yo era adolescente, no había una cosa que me diera más rabia que algún adulto dándome la turra. Digamos que yo, en esa época, prefería las «explicaciones cortas». Tú ya me entiendes, ir al grano, no darles vueltas a las cosas ni que me las repitieran. **¡AY, NO, POR FAVOR!** Así que, como estoy segura de que a ti los rollos tampoco te van, te prometo (de verdad) que **intentaré que ninguna parte de este libro te parezca una explicación «demasiado larga»**.

Si este libro te lo ha regalado tu padre o tu madre, tal vez los hayas mirado con recelo, como si, de esta forma, te quisieran lanzar una indirecta. Puede que sí, no lo sé, pero deja que te pida un favor: no lo tires a la basura… por ahora. Si no consigo atraparte con unas cuantas páginas, adelante, deshazte de él si quieres, habré fracasado en mi intento de

interesarte, qué le vamos a hacer. Pero dame tiempo, o mejor dicho, dame páginas.

Venga, al lío: este libro es mi modo de poder hablar contigo y decirte todo lo que me habría gustado que me contaran cuando yo era adolescente. Aunque también he incluido todo lo que me gustaría que supieran mis hijas. Te confieso que en ocasiones no dejan que les cuente cosas porque..., bueno, soy su madre, y a veces escuchar a tu madre te da una pereza terrible. Así que no soy plasta con ellas, pero he escrito este libro con el deseo de que algún día se lo lean. **¡Crucemos los dedos!**

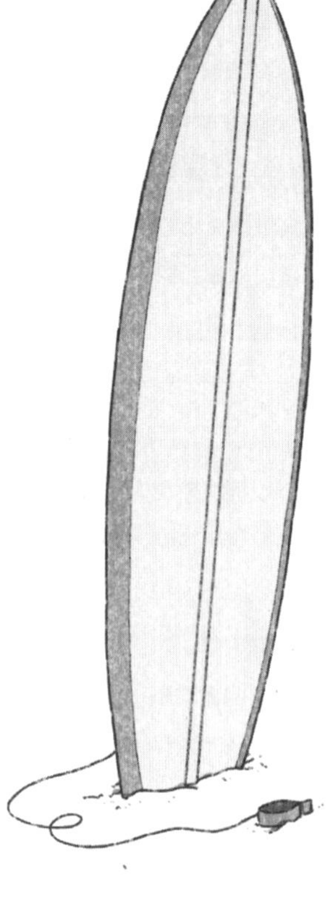

Empecemos por esto:

SER PREADOLESCENTE Y ADOLESCENTE NO ES NADA FÁCIL.

Ni pizca. Ya lo sé, y seguramente tú también lo sabes, pero no te queda más remedio que pasar por esta etapa. Y quizá te sientas como quien va a meterse dentro del mar: a veces apetece, porque hace sol y el mar está en calma, pero otras da miedo, porque hay tormenta y las olas están tan altas que son un espanto; o te da mucho palo porque el agua está fría y no quieres meterte. **TRANQUI:** este libro te servirá de tabla de surf y te explicaré cómo usarla para que puedas entrar en el mar tranquilamente y surfear las olas, vengan como vengan. ¡Y que incluso lo puedas llegar a hacer pasándotelo bomba!

Sin embargo, antes de ponernos con eso, deja que te diga que tengo la suerte de recordar muy bien qué no me gustaba que hicieran los adultos conmigo cuando yo era adolescente:

* Odiaba que me tratasen como si fuera una niña pequeña.
* No soportaba que se pensaran que mi vida era más fácil que la suya.
* Me sacaba de quicio que no tuvieran en cuenta mi opinión.

¡Por favor!

De modo que **no te voy a tratar como si fueras un mocoso**, por nada del mundo pensaré que ser tú es fácil, y tendré en cuenta la etapa que estás viviendo y tus sentimientos. **Sí, estoy aquí para ayudarte y tengo muchas ganas de hacerlo. Si me dejas, claro.**

¿Qué tienes que hacer? Pues solo seguir leyendo. Mi recomendación es que, entre capítulo y capítulo, dejes pasar como mínimo un día... para poder digerirlo. Sí, como la pizza, que, aunque te guste, si comes demasiada, luego te cuesta hacer la digestión. Pues esto funciona igual. ¿Por qué? Porque tocaré temas **MUY** importantes. **Hablaré de ti, de tus padres y de cosas que pasan cuando uno tiene la edad que tienes tú, y todo eso a veces te puede remover por dentro.** ¿Que qué quiero decir? Pues que tal vez, en ocasiones, te entrarán ganas de reír o de llorar o de enfadarte con alguien... ¡o qué sé yo! ¡Y todo esto es **SUPERNORMAL**!

Sí: estás viva o vivo y estarlo ¡significa sentir! Sentir muchas cosas cada día, también cuando leemos libros como este. Por eso te irá bien leértelo e ir parando un poco entre capítulo y capítulo para que puedas terminar de asimilar todo lo que te voy contando. ¡No quiero que se te haga bola! Pero también te digo: si te encanta y lo quieres devorar, estás en tu derecho, ¡faltaría más!

¿QUÉ? ¿LISTO? VENGA, ¡DAME LA MANO QUE VAMOS A APRENDER A SURFEAR!

¿QUIÉN SOY?

Si te pregunto quién eres, ¿qué me dirías? Así, de entrada, responder a esta pregunta puede parecer fácil, pero tal vez no lo sea tanto. Y aún menos en la etapa que estás viviendo, ya que todos estamos cambiando continuamente y quizá lo que creíamos que éramos hace unos meses, ahora ya no lo vemos tan claro. Por ejemplo: tal vez, hace unos meses, si te hubiera hecho esta pregunta, me habrías dicho: «Soy un niño que...» o «Soy una niña que...», pero ahora puede que **ya no te sientas tan niño o niña**. Es posible que te sientas más **MAYOR** y te dé la sensación de que esa palabra ya no te define.

O quizá, hace ya un tiempo, creías que eras una persona tranquila a quien le gustaba jugar al baloncesto, pero resulta que desde hace unas semanas estás intranquilo y cada día te da más palo ir a entrenar el que hasta ahora había sido tu deporte favorito. ¿Qué pretendo decirte con esto? Pues que es absolutamente normal que responder a la pregunta de «¿Quién soy?» a veces cueste un poco, porque **vivimos en continuo cambio**, y aún más durante la preadolescencia y la adolescencia.

Ya sabes que te va a cambiar el cuerpo, pero también tu forma de pensar, tu modo de ver el mundo, de relacionarte con tus amigos, con tus padres, e incluso tu manera de sentir... Mientras lees todo esto, quizá estarás pensando: «¡Pero si ya me está pasando! Tengo un cuerpo que no se parece en nada al que tenía hace medio año y ya pienso distinto de lo que pensaba en las Navidades del año pasado...». **NORMAL.**

¿Sabes lo que quiero que te grabes en la cabeza desde ahora hasta siempre?

TÚ ERES MUCHO MÁS QUE TU CUERPO, QUE TUS PENSAMIENTOS Y QUE TUS EMOCIONES.

¡HALA! Y ahora puede que pienses: «¡¿Qué dice esta?! ¡Pues claro que lo soy!». Pero paremos un momento y hagamos un viaje en el tiempo. Un día estuviste dentro de la barriga de tu madre, ¿verdad? Eras un bebé intrauterino que flotaba en el líquido amniótico y, cuando naciste, seguramente pesabas, como máximo, ¡cuatro quilos y medio! ¡Y ahora, mírate! Mira lo alto que eres y lo que pesas... Mira tu cuerpo... Tus manos hoy no tienen nada que ver con esas manitas de bebé acabado de nacer y sin embargo... sigues siendo tú, ¿no? Eres la misma persona, pero en tu cuerpo ya no queda casi nada que sea igual. El cuerpo cambia, pero **eres mucho más que tu cuerpo**.

¿Y qué me dices de lo que te pasa por la cabeza? Porque fíjate: a los tres años te enfadabas muchísimo si te daban una galleta rota y ahora te da lo mismo siempre y cuando te la puedas comer y te guste, ¿no? Tu forma de pensar y de ver el mundo ha cambiado. Antes, cuando eras pequeño, tal vez creías que no podías estar sin papá o mamá ni un solo segundo y ahora puedes disfrutar un montón de rato a solas en tu habitación, ¿me equivoco? Tus pensamientos tampoco determinan quién eres tú de verdad... Porque **eres mucho más que lo que piensas**.

Pero... ¿y las emociones? Pues ocurre exactamente lo mismo que con tu cuerpo y tus pensamientos: que las vives de un modo distinto en cada etapa de la vida, van evolucionando. Ahora, que una amiga no te llame para contarte algo o que no quiera quedar contigo tal vez te hace sentir fatal, pero cuando tengas cincuenta años seguramente le darás mucha menos importancia. Cuando tenías cinco años, que se te rompiera un lápiz podía ser un auténtico drama, pero, si ahora te pasa, te parecerá que no es para tanto, ¿a que sí? Así pues, las emociones tampoco te definen: las vives dentro de tu cuerpo, pero tú **eres mucho más que lo que sientes**.

Todo esto que te estoy contando es muy importante, ¿sabes por qué? Pues porque, si lo tienes muy claro, te darás cuenta de que tu identidad, quien eres tú de verdad, no la define

tu cuerpo, ni lo que piensas, ni lo que sientes, porque **ERES MUCHO MÁS**. Por tanto, si un día critican tu cuerpo (que si eres alto o bajita o delgada o gordo, etc.), recuerda: tú no eres tu cuerpo. Si un día te dicen que, por tener miedo en un túnel del terror, «eres» un cagado, recuerda que tú no «eres» lo que sientes. Si un día que no te sale ese problema de mates tu mente va y te dice que es porque «eres tonta», recuerda que tú no eres lo que piensas.

TÚ SIEMPRE ERES MUCHO MÁS. EN ESENCIA, ERES ÚNICO O ÚNICA E IRREPETIBLE.

En el mundo no hay nadie más como tú, nadie. ¿Te das cuenta? De los más de ocho mil millones de personas que habitan el planeta Tierra, no hay nadie que sea exactamente igual que tú. **¡FLIPA!** A mí me parece brutal, ¿a ti no? Que todos seamos únicos, que tengamos nuestras particularidades, que seamos irrepetibles… ¡me alucina!

wow

Si tienes claro que lo eres y que eres mucho más que tu cuerpo, que lo que piensas y que lo que sientes, serás mucho más feliz, porque no te compararás tanto con los demás (no tiene ningún sentido compararnos si todos somos distintos, ¿no te parece?). Además, no te afectarán tanto las cosas que te puedan decir porque tendrás siempre clarísimo que **tu esencia está dentro de ti y que es única, importante e irrepetible**.

Esta forma de pensar te ayudará a deshacerte de las etiquetas que quizá te han puesto a medida que ibas creciendo. Tal vez en casa o en el colegio siempre te han dicho que **ERES**:

Pues bien, **tú NO eres nada de esto que alguna vez te han dicho que eres**. Eso solo son etiquetas o adjetivos que usaron de manera «subjetiva» (porque tal vez tú u otra persona no habría estado de acuerdo) para valorar tu comportamiento en un momento concreto o un rasgo físico o una particularidad de tu carácter que expresaste durante una época determinada... Pero nada de eso es **QUIEN ERES TÚ DE VERDAD**.

Tú eres una persona con características mucho más profundas, que van mucho más allá de todos estos adjetivos. Eres alguien que ha venido al mundo a vivir su vida a su manera desde su esencia, que irá aprendiendo un montón de cosas e irá cambiando, pero siempre siempre siempre serás **alguien único, irrepetible y con tu propia alma y mirada del mundo**.

¿NO TE PARECE MARAVILLOSO?
A MÍ ME HACE FELIZ QUE EXISTAS.

Espero que no te esté explotando el cerebro. Tú solo dale unas vueltas... ¿Cómo te hace sentir pensar que no eres ninguna de las etiquetas que siempre te han puesto y que eres único o única e irrepetible? Vaya... sienta bien, ¿no? ¡Respira esta sensación de libertad ahora que te has sacado todas esas etiquetas de encima! **¡QUÉ GUSTO!**

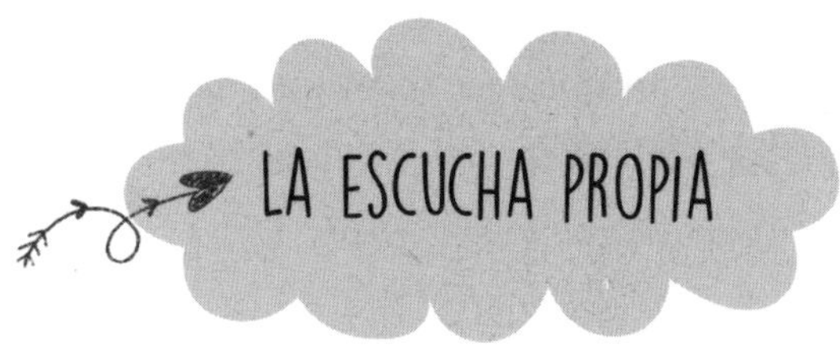

Seguro que tanto en casa como en la escuela te han enseñado un montón de cosas, pero me juego lo que quieras a que la mayoría de las que has aprendido durante todos estos años son cosas que pasan fuera de ti. Has aprendido a sumar, a restar, a leer libros, a escribir, dónde está Estados Unidos, el polo norte o cómo actuar cuando suena la alarma de simulacro de incendio en clase. Pero, seguramente, **no te han enseñado a escucharte, a entender qué ocurre dentro de ti**.

Sí, me refiero a dentro de tu cuerpo. Y no solo a qué debes hacer cuando tienes la sensación de tener que ir al baño; esa es fácil, ¿verdad? No, me refiero a **qué pasa dentro de tu cuerpo con lo que sientes, lo que piensas o lo que dices**. Efectivamente, porque el cuerpo también habla. ¿No te has fijado en que a veces te manda señales? Un pinchacito en la rodilla, un dolor de garganta que no te deja tragar el pollo de la comida, un cansancio tan grande que te ves incapaz de ir a la actividad extraescolar de la tarde o un dolor de barriga que te deja **KO** en el sofá... Y es que dentro de nuestro cuerpo pasan

Ja, ja, ja...

muchísimas cosas, y no solo físicas, en forma de dolores o de **SEÑALES CORPORALES**, sino muchas otras que también debemos saber escuchar e interpretar.

¿Por qué? ¡Siempre me ha alucinado la poca importancia que le damos a conocernos a nosotros mismos! Si tenemos que estar tooooooda la vida con nosotros, ¡no puede ser que no nos conozcamos! **Cuanto más sepas y reconozcas qué pasa dentro de ti, más sabrás qué necesitas y qué te va bien y qué no** y podrás alejarte de entornos, de personas o de situaciones que te perjudican. Así que ya lo ves, escucharnos es importantísimo y ¡es lo que menos nos enseñan! ¡¿No te parece totalmente incongruente?!

Bueno, vayamos al grano. ¿Qué debes hacer si quieres empezar a escucharte? Es relativamente fácil. En vez de mirar hacia fuera, **tienes que enfocar tu mirada hacia dentro**. No, no tienes que girar los ojos hasta que te duelan, nada de eso. Quiero decir que, para escucharnos, tenemos que empezar a poner la atención a lo que pasa dentro de nosotros:

* Fijarnos en el cuerpo.
* Fijarnos en la mente.
* Fijarnos en nuestras emociones (que, por cierto, siempre se viven dentro del cuerpo).

Sin embargo, para conseguirlo hay que hacer algo imprescindible: **parar un poco**. Imagínate que un amigo tuyo quiere contarte una cosa muy importante mientras tú vas en bicicleta y él no para de chillar y de intentar atraparte, pero tú no dejas de pedalear y sigues alejándote de él. ¿Crees que podrás oír lo que quiere decirte? **¡ES IMPOSIBLE!** Para oírlo deberías parar, seguramente bajarte de la bici, mirarlo a los ojos y dedicarle toda tu atención.

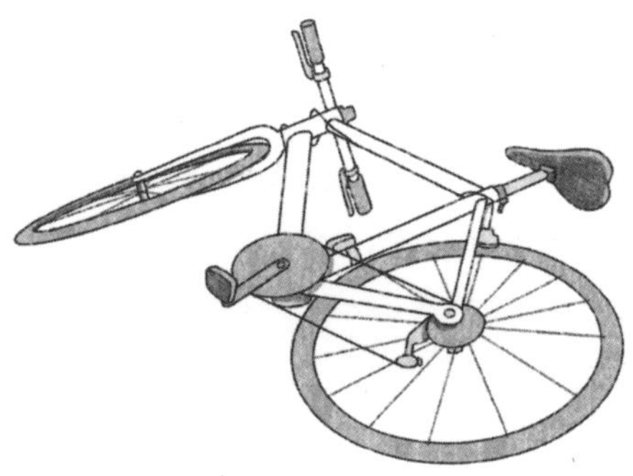

Y aún más si quiere contarte algo importante, como, por ejemplo, que hoy en el insti una amiga lo ha tratado fatal o que ha suspendido un examen de mates que era superimportante para aprobar el curso, ¿verdad? No se te ocurriría pasar de él…

ENTONCES ¿POR QUÉ A VECES PASAMOS TANTO DE NOSOTROS MISMOS SI POR DENTRO NOS OCURREN TANTAS COSAS?

¡Importas!

Por favor, no te ignores. ¿Recuerdas que te he dicho que eres única, importante e irrepetible? Pues no te trates como si no existieras. Para de pedalear un rato cada día y escúchate. **¿CÓMO?**

Lo puedes hacer a diario durante unos minutos, los que sean y te apetezcan. Paras, cierras un momento los ojos (si no los quieres cerrar, tampoco pasa nada) y te planteas las siguientes preguntas:

* **¿Qué me dice mi cuerpo? ¿Cómo estoy ahora mismo?**
* **¿Qué me dice mi cabeza? ¿Qué pienso?**
* **¿Qué me dicen mis emociones? ¿Qué siento?**

¡¡Saber todo esto es **ORO**!! Porque si sabes lo que te está ocurriendo por dentro, te podrás plantear la pregunta siguiente: **«¿Qué debo hacer para que, cuando esté mal, pueda estar mejor?»**. Quererte, apoyarte y ayudarte. ¡No puede ser que sepamos hacerlo con los amigos, pero no con nosotros mismos!

Ya lo ves, ahora dispones de una tabla de surf y, con todo lo que te he contado, puedes empezar a surfear mejor, ¿a que sí? ¡Pues agárrate, que solo acabamos de empezar!

Te propongo que ahora pares un momento y te observes. Te dejo un espacio para que puedas escribir. **Cuando nos observamos y luego escribimos lo que hemos observado, nos ordenamos por dentro**, nos entendemos un poquito más y eso nos ayuda a conocernos y a crecer. Yo escribí mucho durante mi adolescencia porque me parecía que era la forma que más me ayudaba a entender qué me ocurría y qué sentía. ¿Qué te parece si lo probamos?

Venga, empieza por tu cuerpo. Presta atención: **¿cómo sientes tu cuerpo ahora mismo? ¿Hay alguna parte que te duela? ¿Qué te parece que te dice si lo escuchas?**

Ahora, te propongo que te fijes en tu mente... **¿Qué te dice? ¿En qué piensa? ¿Son cosas positivas y bonitas o más bien tienes el Grinch dentro de tu cabeza?** Te sugiero que escribas las cosas que tu cabeza te dice ahora mismo para que puedas darte cuenta de qué tipo de pensamientos tienes.

Y por último... ¿Qué te parece si prestamos atención a las emociones? Respira profundamente, despacio y observa qué emociones (si hay más de una) existen ahora mismo dentro de tu cuerpo. ¿Es agradable lo que sientes o más bien es desagradable? Sea como sea, permítete experimentar la emoción que aparezca. Recuerda que es como una ola del mar, que viene y va, y que esta emoción también desaparecerá. **¿Qué crees que te está diciendo esta emoción? Escúchala y escribe lo que sientes que te cuenta.**

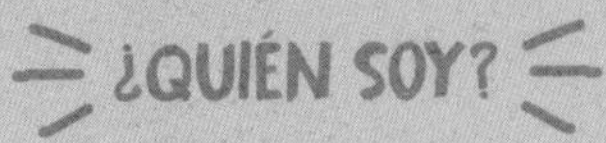

Esto que acabas de hacer, que es parar y observarte, deberías intentar practicarlo un poquito cada día, te irá bien y te ayudará a darte cuenta de cosas que, probablemente, de otra forma, ni te fijarías.

PRUÉBALO, NO TIENES NADA QUE PERDER Y, EN CAMBIO, ¡MUCHO QUE GANAR!

¡LA MENTE TE DICE MUUUCHAS TONTERÍAS! ¡TÚ, NI CASO!

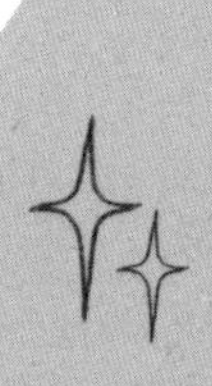

Recuerdo la época en la que fui consciente de que **mi cabeza no paraba de pensar y de decirme cosas todo el rato**. A veces, ¡incluso me abrumaba! Porque mi mente, literal, **¡NO SE CALLABA!** Antes de hacer este último ejercicio, ¿te habías dado cuenta alguna vez de lo repetitiva que es la mente a veces?

Y es que incluso en momentos en los que debemos prestar atención, la mente no se calla. Por ejemplo, estás en el instituto intentando escuchar la explicación del profe de mates y la mente se pone a decirte cosas como: «Uf, qué palo, no entiendo nada», o «¿Cuánto queda para que termine la clase? Me estoy aburriendo», o «Qué bien que explica el profe, ojalá todos lo hiciesen así», o «Cuando sea mayor quiero hacer algo relacionado con las mates porque me encantan». O sea, que ni cuando se supone que tenemos que estar muy concentrados ¡la cabeza se calla!

Si hablase mucho, pero al menos todo lo que te dijera fuera bueno y te ayudara, sería fantástico. Pero resulta que no es solo que no pare (bla, bla, bla, ¡si es que habla por los codos!), sino que, además, **te suelta muchas tonterías**. ¿Cuáles? Pueden ser infinitas. Por ejemplo:

Imagínate que a tu lado hubiera un compañero de clase que no se callara nunca y que, encima, en algunos momentos —o siempre— no parara de insistir diciéndote cosas negativas y que, además, son mentira. ¿Qué harías? Lo mandarías a tomar por saco, ¿no? ¡Te irías de su lado! ¡Normal! Pero ¿cómo lo hacemos cuando quien lo hace es nuestra mente, si la tenemos dentro? ¡No la podemos mandar a tomar por saco! ¿O quizá sí? Ya te lo adelanto: **sí que puedes**.

Es maravilloso cuando nos damos cuenta de que no podemos creernos todo lo que pasa por nuestra cabeza porque muchas veces se equivoca, nos dice tonterías como la copa de un pino, y si te crees todo lo que te dice, habrás metido la pata, porque te lo puede hacer pasar muy mal.

IMPORTANTE:

1. Empieza (si no has empezado ya) a observar y cuestionar las cosas que la mente te suelta. No te creas todo lo que te dice.
2. La mente hará lo que sabe hacer, que es pensar, pero tú también puedes ignorarla cuando más te convenga. No hace falta que le hagas caso todo el día.

¿Qué quiero decirte con todo esto?

Que es importante que te des cuenta de que no puedes cederle el control de tu vida a una mente que a veces te traiciona y que, incluso, puede convertirse en tu **PEOR ENEMIGO**, mintiéndote y agobiándote. El control lo debes tener tú. ¿Cómo? Ahora mismo te explicaré unos pasos que puedes seguir y que te van a ir de maravilla.

Aquí tienes los pasos básicos para no estar esclavizado a la mente:

* **Escúchala**: tú no eres tu mente, pero préstale atención para ver cómo te habla y sobre qué. Es importante que la conozcas y, para ello, debes observarla como si fuera una peli, con distancia.
* **Cuestiónala**: agarra con pinzas las cosas que te diga y plantéate si realmente son verdad o si no tienen ninguna lógica y son culpa de inseguridades o miedos que tienes.
* **Bájale el volumen**: a veces hace falta descansar de tanta cháchara, así que no le hagas ni caso. Que hable, si quiere, pero tú pon atención en otras cosas. Por ejemplo, si estás en clase de mates y la cabeza te distrae, le puedes decir: «Déjame en paz, que ahora estoy haciendo mates» y pasas de lo que te diga, no la escuches.

¡LA MENTE TE DICE MUUUCHAS TONTERÍAS! ¡TÚ, NI CASO!

Te puede parecer raro, ¿no? ¿Bajar el volumen de tu mente? ¿Hablar con ella y decirle que pasas? «Qué friqui», pensarás. Quizá sí, pero, créeme, va taaan bien mandarle callar a veces y sentir que eres tú quien decide no enfrascarse en las tonterías que a menudo te suelta... De golpe, pasas de vivir condicionado por lo que te dice tu cabeza a sentir que eres tú quien tiene el poder de hacerle caso o no. ¡Y esta es la clave que te puede ayudar muchísimo a no caer en sus trampas!

Pruébalo. **Es liberador darse cuenta de que la mente no posee toda la verdad** y que, a veces, ¡puedes mandarla a paseo, sobre todo cuando te diga cosas que no te ayuden ni pizca a sentirte bien contigo mismo! Aunque pueda parecerte que te has vuelto tarumba cuando intentas hablar con tu mente, créeme: este diálogo que tendrás con ella para frenarla en cuanto se ponga a soltar tonterías te ayudará un montón a no dejar que te hunda.

TÚ LLEVAS LAS RIENDAS, NO TU MENTE. ¡NO DEJES QUE TE LAS ARREBATE!

¡LA MENTE TE DICE MUUUCHAS TONTERÍAS! ¡TÚ, NI CASO!

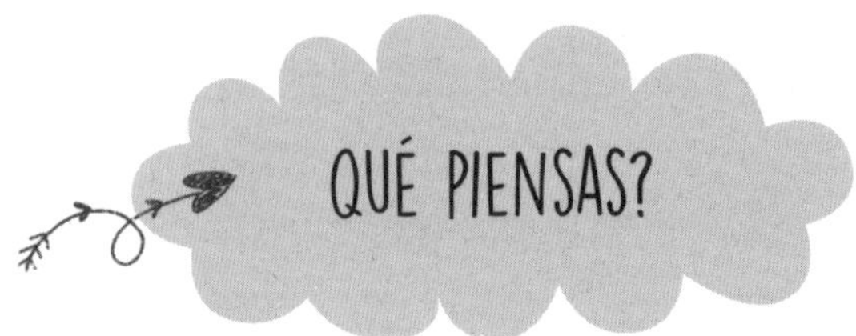

El problema es que normalmente ni siquiera nos damos cuenta de qué cosas nos dice, y entonces todo lo que nos pasa por la cabeza es como si no tuviera ningún filtro, y no podemos decidir a qué hacemos caso y a qué no. ¿Sabes que ahora corren muchísimas *fake news* por el mundo? Es decir, noticias falsas que alguien se inventa y las difunde como si fueran verdad. ¿Sabías que hay periódicos, por ejemplo, que ya tienen una sección que solo se dedica a desmentir noticias falsas que se han divulgado?

PUES PODEMOS DECIR QUE NUESTRA CABEZA FABRICA MUCHAS *FAKE NEWS* Y, A MENUDO, NOS LAS TRAGAMOS TODAS.

TRUCO 1:

Te voy a dar un truco: cuando dentro de tu cabeza suene la expresión «~~tendrías que…~~», frena un momento y pregúntate: **¿DE VERDAD?** Porque puede que tu cabeza te esté diciendo que «tendrías que ser más extrovertido» o que «tendrías que ir a esa fiesta de cumpleaños» a la que te han invitado, pero no te apetece nada ir porque van a ir personas que te caen mal o que no te tratan bien. Pero ¡ojo! Eso no vale para cuando te tendrías que duchar y te da mucho palo, ¿eh? O para cuando tu padre te dice que saques al perro a hacer un pis. Me refiero a un tipo de «tendrías que…» distinto: de los que te piden que seas diferente de como eres tú o que hagas cosas distintas a las que sientes que te hacen bien o que te gustan, o que tendrías que sentir otras cosas de las que sientes. Cuando tu mente te suelte frases como las que te he dicho antes, sobre ser más extrovertido o ir a esa fiesta de cumpleaños, para un momento, respira y pregúntate:

¿Por qué debería ser más extrovertido? ¿No está bien ser como soy? ¿No es válido sentir vergüenza a veces? ¿Qué problema hay en tener menos vida social que otros, que se pasan el día rodeados de gente?

¡LA MENTE TE DICE MUUUCHAS TONTERÍAS! ¡TÚ, NI CASO!

¿Por qué tendría que ir a esa fiesta de cumpleaños? ¿Me da miedo decepcionar a alguien? ¿Hay algún modo de hacer lo que siento que me apetece hacer (que es no ir) y, a la vez, poder celebrar el cumpleaños de mi amigo o amiga de otra forma y otro día? ¿Cómo me voy a sentir si no voy?

Tal vez las respuestas a estas preguntas ya te indican lo que está ocurriendo. Puede que tu mente te diga cosas para que complazcas a los demás (los contentes), pero no te deja respetar lo que tú quieres y sientes. Si eres consciente de que, **en ocasiones, la mente puede comportarse como si no fuera tu mejor amiga**, te será más fácil detectar las *fake news* que te cuele de vez en cuando. Hay mentes que trabajan mucho en nuestro favor, pero te aseguro que hay otras que nos torturan todo el rato. ¡No se callan y encima no paran de criticarlo todo! ¡Son una pesadilla!

Por tanto, pon tu mente a raya y demuéstrale **quién manda aquí**:

¡TÚ!

TRUCO 2:

Ahora te voy a ofrecer otro truco: hay momentos en los que la mente empieza con los «~~¿Y si...?~~». Sobre todo, cuando te sientes más frágil y vulnerable, como cuando tienes que irte a dormir y empieza a decirte cosas que te pueden dar miedo o que te pueden angustiar. Seguro que te suenan: «¿Y si mis padres un día se separan?», «¿Y si suspendo el examen de inglés?», «¿Y si...?». Si eres una niña y ya tienes la regla, puede que los días justo antes de que te venga te sientas menos animada y tengas un montón de preguntas de este estilo. Sea como sea, cuando surjan estas preguntas o dudas en tu cabeza, respira hondo y respóndele: «¿Qué sabrás tú del futuro? ¿Acaso eres vidente? ¿Verdad que no? ¡Pues para! ¿Y si todo esto que me estás diciendo no pasa? ¡No me agobies!».

Justo después, **enseña a tu mente a pensar «bien»**. Pensar bien significa pensar cosas que te ayuden, frases que te hagan sentir a gusto, ideas que no te angustien y que te aporten calma y paz interior. Es como si a tu mente le pudieras decir:

La mente debe sumar, no restar, ¿no crees? ¿Verdad que no quieres que ningún amigo te hunda y no piensas permitirlo? Pues tampoco se lo puedes permitir a tu mente. ¡No lo olvides!

English Test
4/5
1/5
2/6
0/5

Te propongo que, a continuación, escribas las cosas que más te repite la mente. Pueden ser pensamientos sobre ti, sobre la vida, sobre el mundo, sobre el instituto, sobre aquel tema del que más hable tu cabeza. **¿Qué te dice una y otra vez? ¿Cómo te habla?**

Ahora, analiza si lo que te dice es verdad o si son *fake news*. Recuerda los «tendrías que…» y los «¿Y si…?» que te angustian. **¿Tu cabeza te los dice? Escribe esos pensamientos que tu mente te plantea y que te hacen sentir fatal:**

¡LA MENTE TE DICE MUUUCHAS TONTERÍAS! ¡TÚ, NI CASO!

Y ahora, te propongo que escribas los pensamientos que también te dice tu mente y que te ayudan a sentirte mejor, aquellos que te animan. Si no se te ocurre ninguno, significa que deberías tener una charlita con tu cabeza y decirle: «A partir de ahora, te voy a enseñar a pensar bien». Y cada vez que aparezca un pensamiento destructivo o *fake*, respiras, paras y le dices: «Haz el favor de callar», y cambia ese pensamiento por aquello que le dirías a tu mejor amigo o amiga si pensara eso mismo.

¡HA LLEGADO EL MOMENTO DE SER TU MEJOR AMIGO O AMIGA! ¡¡¡POR FIN!!!

SENTIR SIN MIEDO, ¡QUÉ GUSTAZO!

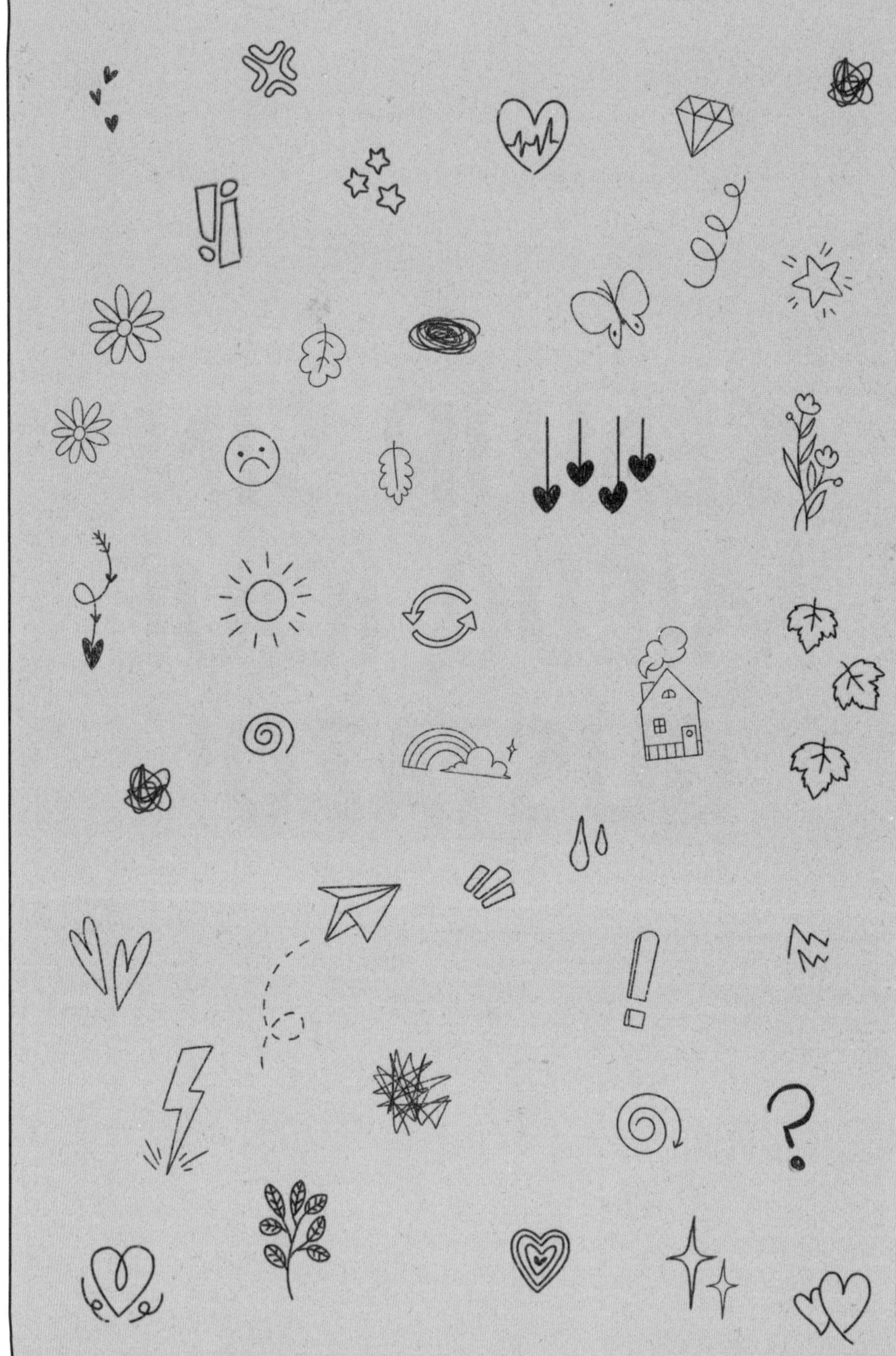

Supongo que, con la edad que tienes, ya te has dado cuenta de que sientes **un montón de emociones todo el día**, ¿a que sí? Tranqui, no eres solo tú: todo el mundo siente muchíííísimas emociones; de eso no se libra nadie. Aunque conozcas a alguien al que parece que nada le afecta, créeme: por dentro, también siente emociones, a pesar de que puede que no las exprese. **Quizá a veces a ti te cuesta descifrar qué te ocurre por dentro**: te notas incómodo, con malestar, pero no sabrías concretar qué emoción estás sintiendo... y eso también es normal.

Lo primero que quiero que sepas es algo evidente, pero también es importante abordar este tema: **todas las emociones se viven dentro del cuerpo** y, por tanto, para poder saber qué te pasa, ¡hay que mirar hacia nuestro interior! Hay muchas personas que no tienen ni idea de qué sienten ni qué les pasa porque nunca, **ABSOLUTAMENTE NUNCA**, prestan atención a su cuerpo y solo se fijan en lo que ocurre fuera: que si el trabajo, que si ese me cae mal, que si los amigos, que si la novia, que si los estudios, que si tal, que si cual. Pero nunca se plantean:

¿qué me pasa? ¿Por qué no me siento bien? ¿Por qué ahora tengo ganas de llorar? ¿Por qué esto que me acaban de decir me ha sentado tan mal? ¿Por qué lo que siento me provoca la sensación de que me ahogo? Estos son solo algunos ejemplos.

Si me estás leyendo y piensas: «Anda, pues yo no tengo ni idea de lo que siento. ¿Debería saberlo?». **¡TRANQUI!** Es normal que en muchos momentos no lo sepas, porque no te han enseñado a mirar hacia dentro. **No es culpa tuya** y tampoco lo es de quienes te rodean. Vivimos en una sociedad muy desconectada de sus emociones y de la mirada interna y no nos han educado, en general, para tener ese autoconocimiento. Pero algún día eso tiene que cambiar, ¿verdad? Tú ahora estás aprendiendo a tenerlo y espero que este libro te ayude. Venga, ¡al lío!

Es muy importante mirar hacia dentro porque si no, ¿cómo nos vamos a conocer? ¡Sería imposible! La segunda cosa que quiero que siempre tengas bien clara es que: **TODAS LAS EMOCIONES SON VÁLIDAS Y VALIOSAS**. Todas tienen su función y aparecen para ayudarte. ¡No hay ninguna que sea mala! ¡Ni una sola! ¡Así que puedes sentir sin miedo! Aunque sean ultramegadesagradables, créeme, no son malas. Sin embargo, quizá, cuando eras pequeña o pequeño y te enfadabas, te decían que no te enfadaras, que estabas exagerando, que no era para tanto, que enfadarse era malo, que hicieras el favor de comportarte y parar de llorar... Si te

dijeron cosas de este estilo, es normal que, de algún modo, hayas acabado creyendo que la emoción a la que llamamos rabia es mala. O tal vez te haya pasado con la tristeza o cuando echabas a alguien de menos, porque te decían que dejaras de sentirte así, que enseguida vendrían a buscarte.

Fuera lo que fuera lo que sintieras, te lo digo de verdad:

¡ESTABAS EN TODO TU DERECHO DE SENTIRLO!

Y ahora, también. Aunque tu amiga, que vive la misma situación que tú, no sienta lo mismo, estás en todo tu derecho de sentir lo que sientes. Y ella también a sentirse de otra forma. ¿Sabes qué es lo más guay de todo? Que cada persona es un mundo y vive y siente las cosas a su manera, según todas las circunstancias y las experiencias que haya vivido.

La tercera cosa importantísima que quiero que te grabes en el corazón es que **todas las emociones tienen la función de enseñarnos algo que no hemos visto ni atendido**. Te pongo un ejemplo y lo entenderás enseguida: imagínate que te enteras de que tus amigos o amigas han quedado y que no te han avisado. Te sienta mal, pero sigues adelante con el día y luego, cuando llegas a casa, tu hermano te suelta un comentario inofensivo y tú saltas y le dices de malas formas que ¡te deje en paz y que es un pesado! **VAYA, ¿QUÉ HA PASADO AQUÍ?** La

rabia y tal vez también la tristeza que has sentido al saber que no te habían invitado se han quedado guardaditas en tu interior y en casa, con alguien de confianza, las has soltado. ¿Qué te dicen esa rabia y esa tristeza? Que te has sentido excluida, rechazado, que lo has vivido como una injusticia cuando tú siempre los invitas a todo y te ha hecho mucho daño.

Luego te contaré mejor qué hacer con todo esto para no saltarle a la yugular a tu hermano, pero por ahora solo quédate con que las emociones están aquí para ayudarte y no para perjudicarte. ¡Así que no les tengas ningún miedo!

Y, por último, y no menos importante, visualiza las olas del mar. ¿Las ves? Van y vienen, ¿no? A veces, son olas altas y enormes, y otras, pequeñas. Otras veces, el mar está en calma... Pues **las emociones son como las olas del mar, van y vienen**. ¡Así que todas **PASARÁN**! ¡No se van a quedar aquí para siempre! Las sentirás un rato, a veces te parecerá muy intenso, pero tarde o temprano la intensidad se reducirá y ya no será tan incómodo: la ola volverá al mar en calma.

Si ves las emociones como las olas del mar y sabes que se acabarán yendo, ya no te da tanto palo sentirlas, ¿verdad?

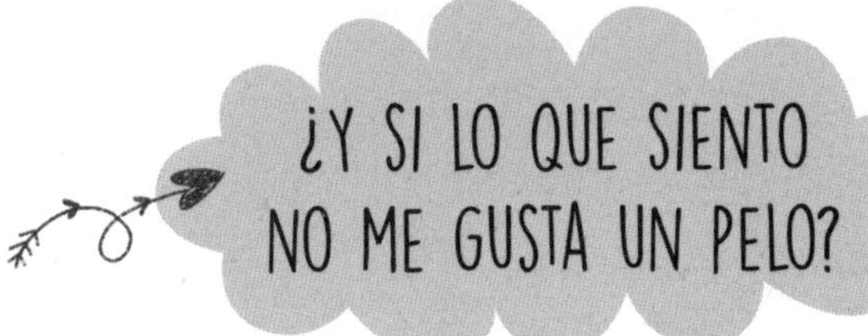

¿Y SI LO QUE SIENTO NO ME GUSTA UN PELO?

¡Hay emociones que son superdesagradables de sentir! Para mí, la rabia y la añoranza son las que me provocan más malestar en el cuerpo. Cada persona puede tener unas emociones que le parezcan más horribles de sentir, y es **NORMAL**.

¿Sabes cuál es el problema? Que como no nos molan, intentamos evitarlas o negar que las sentimos, por ejemplo. Y eso, a pesar de que en ese momento pueda parecer que te ayuda, es un **ERROR FATAL**. Porque no hará que desaparezca el malestar y, en vez de eso, la mala sensación se te va a quedar ahí dentro, esperando a que en algún momento le hagas caso, y así el proceso se alarga aún más.

¿Qué puedes hacer en vez de eso?

1. **Darte cuenta de la emoción que estás sintiendo:** si no sabes qué te pasa, no te vas a poder ayudar.
2. **Respírala:** si la respiras, la emoción disminuye y entonces podrás pensar y decidir qué te puede ayudar en este momento.
3. **Sentir la emoción:** así de sencillo. Cuando la sientes, es como una ola del mar: sube, pero poco a poco baja y va desapareciendo.
4. **Hacer algo si necesitas canalizarla:** habla con alguien, sal a practicar deporte, escucha música… Lo que creas que te pueda ir mejor.

Recuperemos el ejemplo anterior. Te sientes fatal porque te has sentido excluida de los planes de tus amigos, quienes no han contado contigo. En vez de explotar con tu hermano con toda tu rabia cuando llegas a casa, es mucho mejor y mucho más asertivo y consciente que te des cuenta de qué estás sintiendo. Que respires la rabia y la tristeza. Incluso, puedes plasmarlas en palabras y decir en voz alta. Por ejemplo:

Ahora estoy muy enfadada y triste porque no me han avisado. Yo no lo habría hecho y me siento traicionada.

Respira y siente todo esto. Si tienes ganas de llorar, llora; fuera, que salga. Y escucha tu cuerpo: ¿qué te dice que necesita? ¿Tal vez hablarlo con alguien? ¿Quizá escuchar música y llorar un ratito? Cuando la emoción se haya suavizado, puedes tomar una decisión como hablar con ellos y preguntarles por qué no te han avisado y explicarles cómo te has sentido. O tal vez puedes decidir sincerarte con otras personas que no te habías planteado... Sea como sea, observa tu interior y también tu cabeza, que no te juegue malas pasadas. Las olas del mar, tarde o temprano, se calman. Respira y confía.

¿Te parece complicado hacer todo esto? No te voy a engañar. A menudo es complicadísimo, especialmente cuando la emoción (la ola) es muy fuerte y, además, no tienes práctica en hacer todo este proceso. Pero confía en mí: cuanto más lo hagas, más fácil te parecerá. Esto es como ir en bicicleta y dibujar: ¡solo necesitas **práctica, práctica y más práctica**!

Te propongo que escribas qué emociones notas que llevas peor y que son más desagradables para ti y cuáles te aportan más bienestar.

Y ahora ¿qué te parece si te fijas en qué sueles hacer cuando sientes esas emociones desagradables? ¿Las escondes? ¿Hablas con alguien? ¿Tratas mal a la gente porque sientes malestar? ¿Callas y no se lo cuentas a nadie? ¿Haces daño o molestas a los demás? ¿Intentas distraerte y hacer ver que no te pasa nada?

Y en casa... **¿Notas que hay emociones que no se aceptan tanto como otras? ¿Cuáles son?**

Cuando sientes malestar porque hay alguna emoción intensa que se remueve en tu interior, ¿qué crees que te puede ir bien? ¿Cómo te gustaría que te acompañara una persona cercana a ti? ¿Qué te gustaría que te dijera?

Pues todo lo que has escrito en el último apartado es lo que te tienes que decir a ti mismo o a ti misma cuando sientas una emoción desagradable.

RECUERDA: ¡TÚ ERES TU MEJOR AMIGO O AMIGA! ¡¡¡POR FIN!!!

CUIDAR LA MÁQUINA

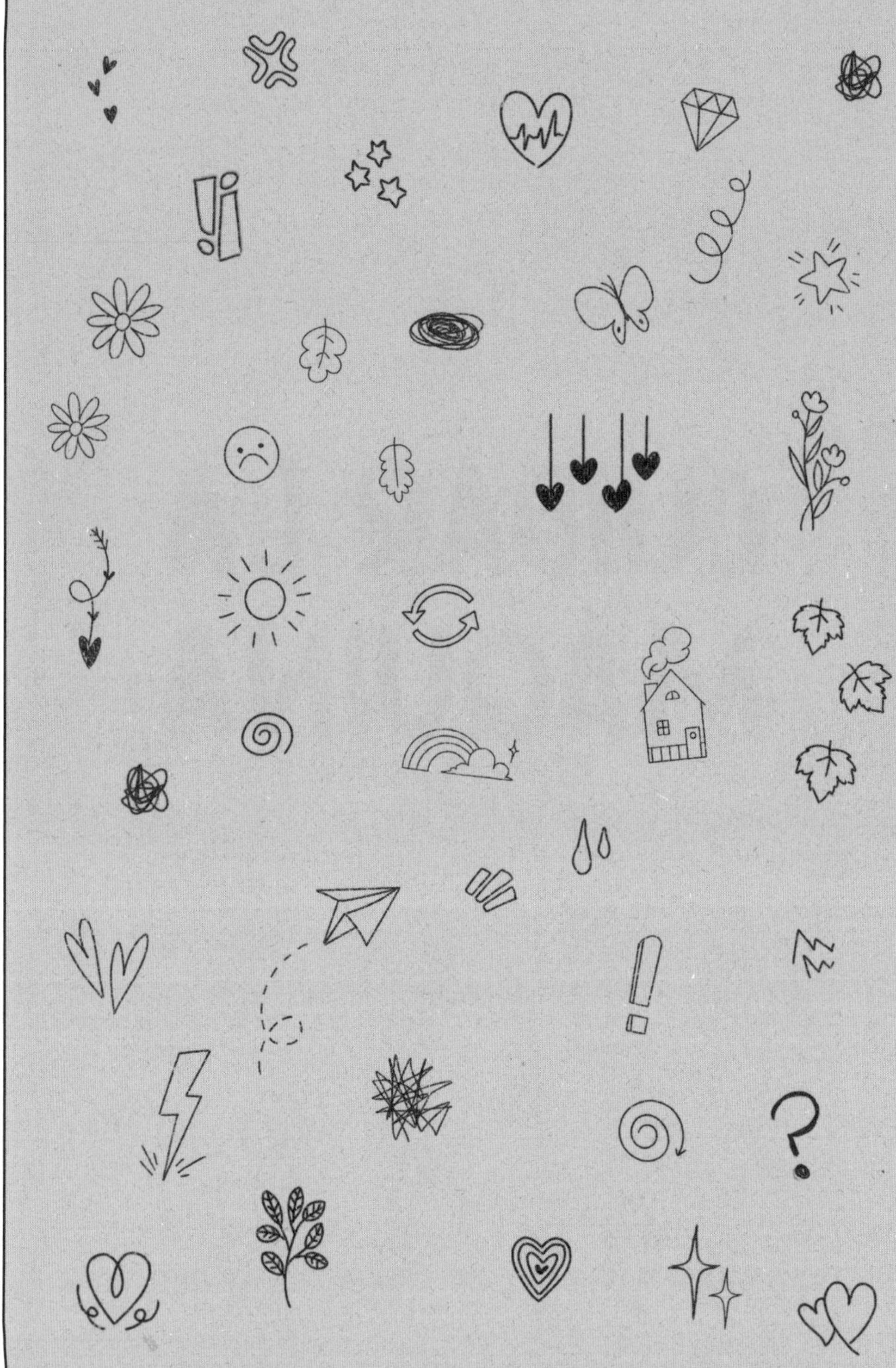

Te he hablado de la mente y de las emociones… ¿Qué falta? Adivínalo: **¡EL CUERPO!** ¿Sabes qué es lo que más necesitamos para estar bien? ¿Qué responderías? Dale un par de vueltas… Puede que se te haya ocurrido no tener problemas con los amigos o no pelearte con tus padres, o vete tú a saber… Pero no, no es ninguna de estas cosas.

LO QUE MÁS NECESITAMOS QUE VAYA BIEN SÍ O SÍ PARA PODER ESTAR A GUSTO ES QUE NUESTRO CUERPO FUNCIONE.

Sí, el cuerpo, eso que a veces tenemos muuuy poco en cuenta, pero que, **sin él, ¡no podrías hacer nada de nada!**

El cuerpo es nuestra máquina. Dentro guardamos algo que te contaré en el próximo capítulo y que es muy importante, pero también se halla lo que pensamos, lo que sentimos… Todo nuestro mundo interior se remueve y existe dentro de esta máquina que funciona desde mucho antes de que nacieras y que está encendida las 24 horas del día y los 7 días de la semana. Incluso cuando duermes ¡hace un montón de cosas! Nuestro cuerpo nos permite relacionarnos con los demás, jugar, correr, comer, reír, saltar, abrazar y, en definitiva, **¡VIVIR!**

Sin embargo, a veces lo cuidamos muy poco, porque lo damos por sentado, como si siempre tuviera que estar bien. A ver, recuerda la última vez que te encontraste muy mal. Menudo palazo fue, ¿verdad? ¿A que no tenías ganas de nada y te faltaba energía para todo? A menudo, solo valoramos lo importante que es nuestro cuerpo cuando no funciona como debería. Pero eso no es justo, ¿no te parece? Pobre..., ¡solo le prestamos atención cuando está fatal! ¡No puede ser! A mí me gusta valorarlo cada día, porque cuanto más lo tengo en cuenta y más le doy las gracias por permitirme hacer todo lo que hago, más «contento» está y mejor se encuentra.

¿Sabías que el cuerpo te habla? Sí, a veces te pide a gritos que necesita dormir, comer, descansar, saltar, moverse o estirarse... y es **MUY IMPORTANTE QUE LO ESCUCHES**. Que le prestes atención y que le obedezcas. Normalmente, cuando te lo pide a gritos es porque ya lo ha hecho de mil maneras distintas y tú has pasado de él. Te recomiendo que lo tengas más en cuenta porque se lo merece por todo lo que te da cada día, y también porque, si no lo haces y lo ignoras durante mucho tiempo, al final el cuerpo acaba enfermando. ¡Ya no puede más!

CUIDAR LA MÁQUINA

¿Qué puedes hacer para cuidar de tu cuerpo, valorarlo y demostrarle que le quieres?

1. **Duerme y descansa** lo que sientas que tu cuerpo necesita. (Si tienes que levantarte muy temprano para ir al instituto y tienes mucho sueño, puedes intentar acostarte más temprano o hacer una minisiesta cuando llegues a casa, incluso aprovechar el fin de semana para dormir hasta que el cuerpo diga basta).
2. **Come bien.** Intenta hacerlo con tranquilidad, sin ir deprisa y corriendo, masticando correctamente y que lo que te lleves a la boca sea lo más saludable posible. Todos comemos alguna porquería de vez en cuando, es normal, pero intenta que no sea cada día, porque, aunque a ti te guste su sabor, te aseguro que ese tipo de comida no le hace ningún bien a tu cuerpo.
3. **Respira de forma consciente.** Claro que respiras todo el día, si no, ya no estarías aquí leyéndome, pero ¿te has parado a fijarte cómo respiras? ¿Eres consciente de si respiras con la parte alta del pecho o si, en cambio, se te hincha la barriga cuando lo haces? Respirar con consciencia, llenando bien los pulmones cuando inspiras y vaciándolos bien cuando espiras, te ayudará mucho a relajarte, pero también a poder pensar con más claridad y a vivir tu día a día de una

forma más presente. Cuando respiras y eres consciente de ello, estás viviendo en el aquí y el ahora: te das cuenta de lo que haces y de lo que pasa. Cuando no es así, a veces llegas a tu casa y no sabes ni por qué calles has pasado, ¿sabes a lo que me refiero? Respirar no solo te ayuda a vivir, sino que si lo haces de forma consciente, te ayuda a vivir mejor. ¡Hazlo!

4. **Muévete.** Tu cuerpo necesita activarse: los músculos, los huesos, las articulaciones... Todos los elementos que forman tu cuerpo adoran el movimiento y cuando practicas deporte, bailas o corres por el patio, segregas sustancias como las endorfinas, la dopamina y la serotonina, que te hacen sentir placer y una especie de felicidad muy agradable. Cuando sientas que todo te agobia o estás de mal humor, ¡prueba a mover el cuerpo un poco y verás que quizá la cosa mejora!

5. **Rodéate de aire libre y de naturaleza.** Está comprobado que cuando estamos en entornos naturales y al aire libre, a nuestro cuerpo le encanta y se siente muy muy bien. Además, disminuye el estrés, va bien para la vista y para todo en general. Vivimos en entornos demasiado artificiales, rodeados de cemento y de apenas naturaleza, y el cuerpo necesita lo que es natural. De verdad te lo digo: ¡LE MOLA! Dale ese regalito, que se lo merece.

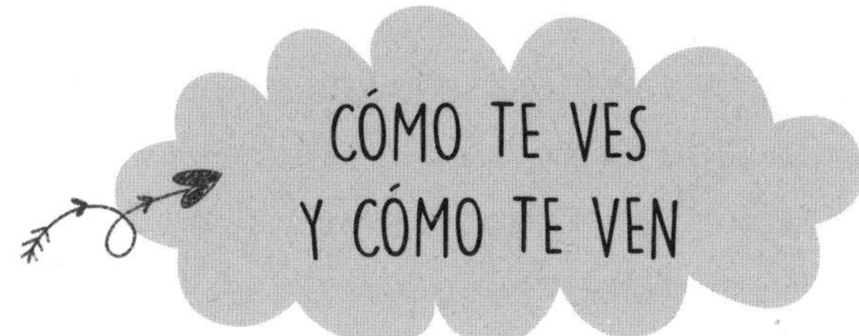

CÓMO TE VES Y CÓMO TE VEN

El cuerpo es algo objetivo, quiero decir, que es lo que hay. **Y PUNTO**. Pero luego existe un elemento subjetivo que es cómo lo percibimos, es decir, **cómo lo vemos**. Y ahí, a nuestra cabeza le encanta ponerle adjetivos… En realidad, le gusta valorarlo todo: una casa («qué casa tan grande o bonita o estrecha»), un coche («qué deportivo o ancho o feo»), un amanecer («qué preciosidad») o un gato («qué arisco o qué bueno o qué suave»).

Y esto de valorarlo todo subjetivamente también lo hace con nuestro cuerpo. Digo *subjetivamente* porque las valoraciones que nuestra cabeza hace de todo son subjetivas, es decir: no siempre son ciertas ni son fieles a la realidad. Además, tu cabeza puede pensar que el gato que acaba de pasar por la calle es muy bonito y otra persona verá el mismo gato y pensará que es horroroso.

CADA CUAL VALORA LAS COSAS DESDE SU PUNTO DE VISTA.

Pues bien, esto que la cabeza hace con todo, también lo hace con tu propio cuerpo y empieza a verlo y a valorarlo: «Tienes las piernas demasiado largas», «Tienes la cara fea», «Tienes los pies demasiado pequeños», «Tienes un culo que parece un *panettone*», «Tienes mucha barriga», «Tu cuerpo es horrible», etc.

Es muy importante que te des cuenta de cómo ves tu propio cuerpo y cómo lo valora tu mente, porque según como ella lo valore, así será como tú lo verás. Si la cabeza nos dice que tenemos un cuerpo feo, ¡lo miraremos y lo veremos feo! ¡Y seguro que no es nada feo! Vernos con estos **OJOS TAN CRÍTICOS** nos hará daño y nos hará sentir peor. Huelga decir que si nuestro entorno también nos dice cosas sobre nuestro cuerpo, eso también nos afectará, y mucho. Pero de los demás vamos a hablar en profundidad en otro capítulo, ¡no nos adelantemos!

pelo «rebelde»
cejas «gruesas»
nariz «grande»
hombros «caídos»
brazos «finos»

¿Qué te parece si paras un momento y escribes cómo ves tu cuerpo? ¿Cómo lo miras? ¿Con amor y afecto o más bien lo sueles criticar? ¿Te gusta o lo juzgas? ¿Crees que lo cuidas como necesita?

A veces nosotros tenemos una buena mirada sobre nuestro cuerpo. Nos sentimos a gusto con la máquina que tenemos y no la criticamos. Pero, de repente, resulta que en la escuela oímos que alguien nos dice: «¡Estás gorda!», o «Qué mierdecilla de pie que tienes, ¡qué mini!», o «¡Qué cara más fea, con ese grano!», y de golpe, te entra como algo dentro que te hace sentir muy mal. ¿Qué es eso que te remueve por dentro? El miedo de que no nos acepten, el malestar de sentirnos juzgados, la sorpresa de no gustar y tal vez también la vergüenza de que miren nuestro cuerpo con esos ojos. ¿Te ha pasado? ¿Alguna vez alguien ha criticado tu cuerpo o alguna parte de él? ¿Lo ha hecho un compañero o una compañera? ¿Algún familiar? Se pasa muy mal cuando alguien critica el cuerpo que tenemos, ¿verdad? Porque, a ver, ¡es nuestra máquina, la que nos permite vivir, la que nos acompaña cada día! **¡¡¡QUE NO LA CRITIQUEN!!!**

¡BASTA!

¿Qué te parece si ahora escribes qué te han dicho (si es que alguien ha osado criticar tu cuerpo alguna vez)? Sé que puede dolerte mucho escribirlo, pero te aseguro que cuando las palabras se plasman en un papel, el dolor de dentro del cuerpo se vuelve un poco más pequeño. Te lo digo yo, que cuando era adolescente escribí muchísimo para calmar un poco el malestar que a veces sentía. ¿Qué te han dicho?

No te mereces que critiquen tu cuerpo, que le pongan adjetivos. Nadie debería hablar del cuerpo de los demás y solo deberíamos compartir una observación con alguien en el caso de que dicha persona pueda resolver lo que le diremos en cinco segundos. Por ejemplo: «Tienes tomate en la barbilla», «Te ha quedado comida entre los dientes», «Tienes un moco en la nariz», «Llevas la bragueta abierta», etc. Si no, el resto de observaciones no tienen cabida y nadie debe hacerlas.

YA LO SABES:
«¡O ME APORTAS O TE APARTAS!».

DI «NO» A LA PRESIÓN ESTÉTICA

¿No te da la impresión de que, a veces, **parece que tengamos que ser de una forma concreta para «encajar»** y ser aceptados? Como si solo unos cuerpos fuesen válidos si cumplen unos requisitos en lo que respecta a altura, peso, etc. Yo mido 1,55 centímetros y peso 47 kilos y **TOOOOOODA LA VIDA** han dicho de mí: «¡Qué bajita!», «¡Eres como un llavero!», «¡Pareces un bebé, te puedo llevar en brazos!», «¿Te puedes levantar, por favor?» (y yo ya estaba de pie). Todo el mundo se reía, pero te juro que a mí me hacía cero gracia y aún menos cuando, encima, me cogían en volandas para demostrar que era pequeñita. Pero... ¿y qué? ¿Acaso no puedo ser bajita? No es culpa de quienes me lo decían, sino de toda la sociedad, que nos hace **creer que solo hay unos determinados cuerpos que son los correctos**. Los cuerpos más altos, los más esbeltos, los más parecidos a las modelos que salen por la tele, en las revistas o en las redes sociales.

¡Cuántos cambios!

Durante la adolescencia, además, **el cuerpo cambia muchísimo y pasa por distintas fases**. Y si sentimos toda esta presión estética que dicta que tenemos que ser de una forma muy concreta para que nos acepten, nos podemos sentir fatal, porque el cuerpo que tenemos no es así. De verdad, di «no» a esa presión, mándala a tomar viento, que le den, porque te prometo que serás mucho más feliz si te dedicas tan solo a querer a tu máquina y a cuidarla. **Y el resto, que piense lo que quiera.**

ACEPTEMOS TODOS LOS CUERPOS TAL Y COMO SON Y AGRADEZCÁMOSLES TODO LO QUE HACEN POR NOSOTROS.

Si a veces hay partes de tu cuerpo que no te terminan de gustar o si sientes que no lo quieres suficiente, te propongo:

Mírate los pies e imagina todos los pasos que han dado desde el día en el que naciste. Mírate las manos y piensa en todas las cosas que han agarrado a lo largo de tu vida, las palabras que han escrito, todo lo que han tocado. Mírate la cara y fíjate en los ojos; piensa en todo lo que han visto, en todo lo que han llorado, en todo lo que se han reído. Mírate la nariz y piensa en todo lo que ha respirado desde que te cortaron el cordón umbilical, en todo lo que ha olido. Mírate la boca y piensa en todo lo que ha podido explicar con palabras, en todo lo que ha sonreído, en todo lo que ha comido, en todos los besos que ha dado. Y a cada parte del cuerpo dile: **«GRACIAS»**. ¡Tienes que agradecerle muchas cosas!

¡¡¡GRACIAS!!!

¿PASAMOS A LA PRÁCTICA?

¿Has sentido alguna vez esta presión estética de la que te he hablado? ¿Recuerdas cuándo y por qué?

¿Cómo crees que ves tu cuerpo? ¿Te gusta? ¿Sientes que lo quieres? Si es que sí, ¿por qué? Y si es que no, ¿por qué?

Ahora te voy a dejar un espacio para que escribas **una minicarta dedicada a tu cuerpo**. Le puedes dar las gracias a la máquina o también pedirle perdón si alguna vez la has tratado mal o la has criticado. Lo que tú sientas que le quieres decir. Ya verás lo bien que te hace sentir.

TRÁTALA BIEN. SÉ EL MEJOR AMIGO O AMIGA DE TU MÁQUINA.

TU HOGAR INTERIOR

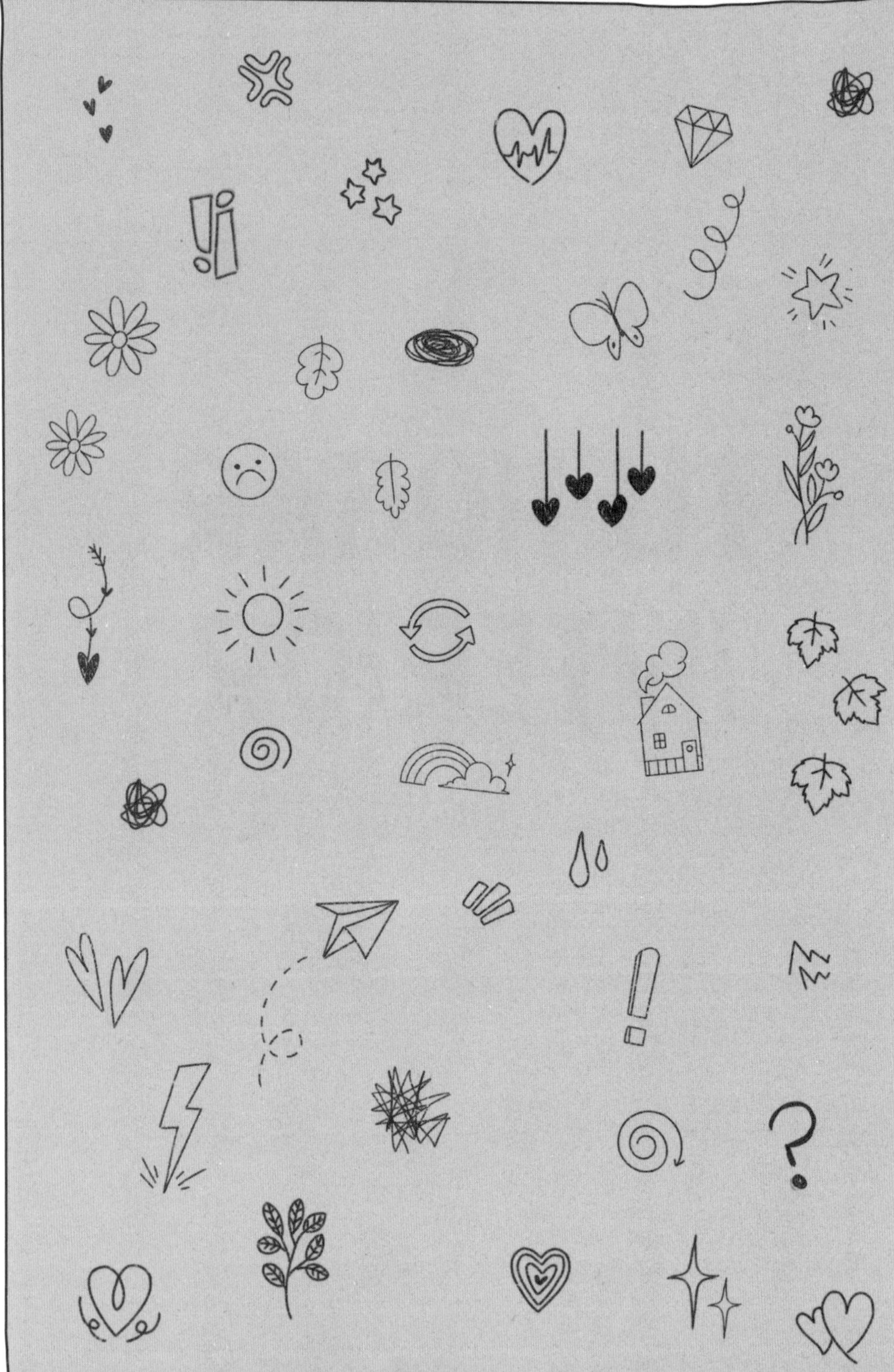

¿Sabías que tienes una **casita** dentro de ti? No me refiero a la casa donde vives, la de paredes con techo, habitaciones y una cocina, no. Me refiero a un **HOGAR** que todos llevamos dentro de nosotros y que, si conectamos con él, nos daremos cuenta de que...

AHÍ DENTRO SE ESTÁ DE MARAVILLA Y NOS SENTIMOS «A SALVO».

Ahora quizá estás pensando que me he vuelto loca y que estoy empezando a decir tonterías, pero ¡créeme, no! Cuando yo tenía tu edad, no sabía que tenía un hogar interior y lo vivía todo con mucha intensidad, pasaba de una emoción a otra y sufría muchísimo, porque tenía la sensación de que yo no podía controlar nada, ¡como la muerte, por ejemplo! Sí, tenía miedo de que algo saliera mal. ¿Alguna vez te has sentido así? Si es que sí, seguro que entiendes cómo me sentía...

Cuando fui un poco mayor, mi padrastro me contó que, en vez de poner mi seguridad y mi felicidad en cosas externas (en es-

tar bien con los amigos, en la persona que me gustaba o en mis estudios), debía buscar en mi interior. Que allí encontraría una parte de mí que era muy sabia, que todos llevábamos dentro, y que este **«hogar interior»** de alguna forma nos guía.

ALLÍ ERA DONDE DEBÍA ENCONTRAR LA SEGURIDAD, DENTRO DE MÍ, PORQUE TODO LO QUE OCURRÍA FUERA ¡ESCAPABA A MI CONTROL!

A mí me gusta imaginármelo como una casita que tengo dentro, con una chimenea que irradia ese calorcillo tan agradable, con una bonita alfombra, un sofá en el que se está muy cómodo, donde puedo ser quien soy en realidad, y eso me da fuerzas para vivir mi día a día. Hay otras personas que lo llaman **«intuición»**, que es como una vocecita muy sabia que te dice por dónde tienes que ir, que te alerta de los peligros y que te ayuda en todo momento si le prestas atención. Hay otras que hablan de «consciencia» o de «paz interior».

A mí me gusta más explicártelo así y que lo llamemos «hogar» o «casita»; de esta forma, nos imaginamos un sitio acogedor, **donde nos sentimos seguros y tranquilos**.

Cuando me imagino mi hogar interior, también lo veo con **luz**. Una luz cálida, de estas que te invitan a entrar y que es muy agradable. Pues bien, esta luz es nuestra luz interior, la que nos hace únicos e irrepetibles, la que hace que seas tú con tu **autenticidad**. El problema es que hay mucha gente que no sabe conectar con su hogar interior, con su luz o con ese sitio que tenemos dentro donde todo está bien y nos podemos sentir seguros, acogidos y queridos siempre. Cuanto más pequeños somos, más fácil nos es conectar con nuestro hogar porque, en realidad, ¡nacemos conectados a él! Pero a medida que vamos creciendo, cada vez nos cuesta un poco más. Conectamos con él cuando somos auténticos, cuando nos permitimos ser quienes somos sin miedo. ¿Alguna vez has visto a un bebé que tenga miedo de mostrarse tal como es? ¡No! Así pues, se trata de no perder esa **conexión** con nuestra luz y hogar interior.

TU HOGAR INTERIOR

¿Sabes cómo puedes conectar con tu hogar? Te voy a contar distintas formas de hacerlo para que así, cuando lo necesites, ¡puedas ir a descansar, a conectar contigo, coger fuerzas y cargar las pilas!

* **Para conectar con tu hogar debes frenar un poco.** Si vas a toda pastilla, será complicado.
* **La respiración te ayudará.** Si respiras poco a poco, es más fácil entrar.
* **Haz cosas que te hagan feliz.** Cada vez que haces algo que te encanta y que te hace olvidarte del mundo entero porque disfrutas profundamente de eso que estás haciendo, estás conectando con tu luz interior.
* **Cuando tengas dudas y debas escoger, cierra los ojos, respira y plantéate la pregunta...** Escucha lo que dice tu intuición... Tu hogar es tu parte sabia y te habla.
* **Estar en la naturaleza también nos ayuda a conectar con esta parte, porque ahí todo está en conexión y es auténtico.** ¿Crees que una ardilla no es auténtica? ¿O un conejo? ¿O un árbol? Por eso, estar cerca de la naturaleza nos ayuda a recordar cómo es estar conectado con uno mismo.

¿Sabes qué significa que tengas un hogar interior? Que cuando llegue un mal momento o sufras por algo, tienes una herramienta dentro de ti que te puede ayudar. **¡TE TIENES A TI!** Conecta con tu hogar y recuerda que eres único y suficiente. Conecta con tu autenticidad, con aquello que te hace ser quien eres y quiérete mucho. ¡Eso te dará fuerzas para superar lo que sea que la vida te presente!

¡Qué bien!

SABER QUE TE TIENES A TI ES MUY IMPORTANTE.

Habrá veces en las que tal vez no tendrás cerca a tus padres o a tu mejor amigo para que te ayude en algo y habrá otras en las que tendrás que tomar decisiones que nadie podrá tomar por ti... Saber que no estás solo ni sola, que te tienes a ti para ayudarte, te hará sentir mucho mejor. Cuando nos queremos, también nos ayudamos, y en momentos complicados podemos decirnos cosas como: «Estoy aquí, te abrazo y ahora lo que necesitas es meterte en la cama y dormir, mañana lo verás todo mejor». Tú ya me entiendes, esto es ser nuestro mejor amigo o amiga: tenernos, ayudarnos y acompañarnos. Recuerda que no estás solo ni sola porque...

¡TE TIENES A TI!

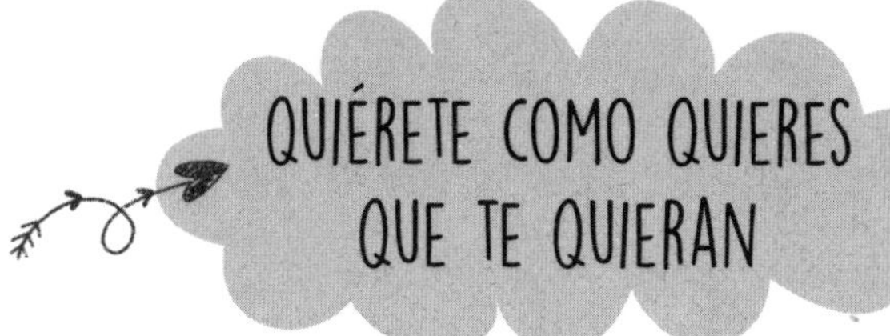

QUIÉRETE COMO QUIERES QUE TE QUIERAN

Si te pregunto «¿Te quieres?», ¿qué dirías? Recuerdo un día en el que mi hija pequeña me preguntó: «Mamá, ¿tú a quién quieres?». Yo le respondí: «A ti, a tu hermana, a papá, a los abuelos, a los tíos…». Y continuación me dijo: «Te has olvidado de alguien muy importante, mamá». Y yo: «¿A quién?». Y me respondió: «¡A TI!». **¡PUM!** ¡Tenía razón! ¡Me había olvidado de mí misma! Desde ese día decidí que me querría más y fui a comprarme un anillo porque así, cada día, cuando me lo viera en el dedo, recordaría que era porque me había comprometido a quererme más y a tenerme más en consideración.

Ahora quizá te estás dando cuenta de que tal vez no te quieres mucho. Que tu mente te dice cosas feúchas, que a veces no te tienes en cuenta… Pues quiero que sepas que la persona que más importa que te quiera eres tú, porque **vas a pasarte toda la vida contigo** y cuanto más te quieras y mejor te trates, mejor te vas a sentir. Pero ¿qué pasa si sientes que te quieres poco o que te dices cosas que jamás de los jamases le dirías a tu mejor amigo o amiga? No sufras, que enseguida lo abordaremos.

Te propongo un ejercicio que tal vez te parezca ridículo, pero te prometo que es superpoderoso y te dará mucha fuerza. Quizá no desde el primer día, pero si lo haces caaada día, te juro que te va a ayudar muchísimo con tu autoestima y a sentirte mucho mejor contigo mismo.

Ponte delante del espejo, mírate a los ojos durante unos segundos y di: **TE QUIERO**. Sí, te lo estarás diciendo a ti.

Quizá la primera vez te suena muy extraño, porque no lo has hecho nunca y podría ser que notaras que te hace sentir cosas. Cabe la posibilidad de que sean agradables, pero también que te entren ganas de llorar de la emoción de decírtelo a ti, de dirigir todo este amor hacia ti. No pasa nada, está bien emocionarse, no tengas miedo.

Te propongo que hagas este ejercicio hoy y que luego contestes a estas preguntas:

¿Te ha costado decirte «Te quiero»?

Ahora que lo has hecho, ¿qué has sentido?

¿Sientes que te quieres? ¿Cómo lo notas?

Tanto si la respuesta es «sí» como si es «no», te propongo que hagas este ejercicio cada vez que estés delante del espejo de tu casa (en el baño, en la habitación) y observes qué pasa, cómo te sientes. Si quieres, puedes añadirle otras cosas como: «Que tengas un superdía», «¡Eres la bomba!», «Molas un montón», «¡Tú puedes!» o «¡Yo te apoyo!». ¡Ya verás cuánta energía te da ser tu *cheerleader*!

Y RECUERDA: ERES TU MEJOR AMIGO O AMIGA, ¡¡¡POR FIN!!!

YO Y LOS DEMÁS

Cuando menciono a «los demás», ¿en quién piensas? Quizá en tus amigos, que son taaan importantes en la adolescencia y con quienes queremos pasar tanto tiempo, o tal vez en la familia, o puede que incluso en compañeros y compañeras de clase con los que alguna vez has tenido algún conflicto... «Los demás» son todas esas **personas que te rodean y con quienes te relacionas**, a veces con vínculos más estrechos e importantes para ti y otras no tanto. Son personas con las que también interactúas y con las que pasan «cosillas». Estas cosillas en ocasiones son agradables y en otras, muy desagradables. Tener conflictos con otras personas es lo más normal del mundo. No te creas que solo te pasa a ti, ni que enfadarse con un amigo o chocar con otras personas es raro y no tendría que pasar, **¡NADA MÁS LEJOS DE LA REALIDAD!**

Tener conflictos es lo más normal del mundo, sobre todo ahora que estás aprendiendo, de alguna forma, a relacionarte con tus iguales. Hace años que llevas haciéndolo, de hecho. Pero es que nunca sabremos relacionarnos lo suficientemente bien, supongo, y seguiremos aprendiendo toda la vida. Porque cada uno es distinto y cada cual tiene su forma de ser, de pensar y de sentir y, claro, a veces chocamos o nos remueven cosas o no nos entendemos. Pero ¡si tenemos conflictos hasta con nosotros mismos! ¿No te ocurre que algunas veces no entiendes ni qué sientes por dentro o por qué has dicho una cosa cuando sentías otra? ¿O no te enfadas contigo mismo por no haber hecho o dicho tal o cual cosa?

SI TENEMOS CONFLICTOS CON NOSOTROS MISMOS, ¡CÓMO NO VAMOS A TENERLOS CON OTRAS PERSONAS!

Que sea normal no significa que sea fácil ni agradable, ¡eh! ¿Tú te acuerdas de la primera vez que tuviste un enfado con un amigo o una amiga? Yo el primero no lo recuerdo, pero sí que aún tengo grabados en la memoria todos los sentimientos de cuando he tenido un **GRAN** disgusto por una amistad. ¡Qué mal se pasa! ¿Y cuando es con alguien de la familia? ¡Es horrible! Qué dolor se siente dentro cuando el conflicto es grande y el disgusto también, ¿verdad?

¿Cuál es la parte buena de esto? (porque todo tiene una parte buena, aunque no lo parezca). Pues que **el conflicto nos ayuda a aprender y a crecer**, y que cada vez que discutes con alguien, tienes una nueva oportunidad de aprender de ti, de la otra persona y de cómo **GESTIONARLO** y **SOLUCIONARLO**. Pero al grano: en este tema de las relaciones con los demás, ¿qué cosas creo que es más importante que te queden claras?

1. **Que el conflicto, en la vida, es inevitable y que no es negativo**, al contrario: nos ayuda a aprender y a crecer. Ver el conflicto como algo natural y «bueno» te ayudará a afrontarlo mejor y a no hacer un drama de lo que no lo es.
2. **No podrás cambiar a la otra persona, así que no pretendas que cambie ni tampoco «salvarla».** Aceptar y entender esto te ayudará muchísimo a no desgastarte.
3. **La única persona en el mundo a quien sí que puedes cambiar y «salvar», si hiciera falta, es a ti mismo**, por tanto, céntrate en lo que tú aprendes de los conflictos, en qué deberías mejorar y en entender lo que te pasa.

4. **Para gestionar bien un conflicto, hay que aprender a comunicarse bien** y normalmente no nos enseñan a hacerlo. Luego hablaremos de esto.
5. **En una negociación, ambas partes ceden porque valoran la importancia de llegar a un acuerdo.** El orgullo y verlo como un «ganar o perder» no ayuda nada en una negociación, al contrario.

Dependiendo del momento que estés viviendo, te afectarán más los conflictos que puedas tener con tu familia, amigos, compañeros, conocidos, etc. Y también, dependiendo de tu forma de ser, de tu sensibilidad y de las experiencias que ya hayas tenido, habrá cosas que te van a afectar más que otras y eso también es normal.

LA ADOLESCENCIA ES UNA ETAPA EN LA QUE SUELE APARECER BASTANTE CONFRONTACIÓN CON LOS PADRES, Y ESTO TIENE UNA EXPLICACIÓN.

La adolescencia es un momento en el que necesitas reforzar tu «yo» y, de alguna forma, demostrar a tu entorno que estás creciendo, que tienes tu propia forma de hacer las cosas, de pensar y de ver el mundo, y quieres que lo tengan en cuenta y que ya no te traten más como si aún tuvieras siete años. También es una etapa un poco **CAÓTICA**: un adolescente vive muchos cambios (físicos, emocionales, hormonales, psíquicos...) y todo esto conlleva un poco de lío, y a los padres a veces les cuesta entenderlo. Ellos puede que te miren con cara de «¿Y tú quién eres, que no te reconozco?», y tú a ellos con cara de «¿Qué pasa, que no veis que he cambiado? ¡No me trates como a un niño pequeño!», y todo es bastante confuso para todo el mundo.

La buena noticia es que esta incomprensión que a veces hay y la distancia que esto puede generar **es temporal** y, poco a poco, todos os iréis situando y los conflictos, si es que hay bastantes, también irán menguando... Pero todo es un proceso y puede hacerse largo y pesado. ¡A mí me pasó! Pensaba: «¡Qué ganas de hacer mi vida y que mis padres dejen de decirme lo que tengo que hacer!». Sinceramente, y ahora que no me oyen, ¡me parecían muy pesados! ¿Te suena?

Con los amigos también ocurren cosas, aunque esta etapa sea una parte muuuy importante de la vida. Si vuelvo la vista atrás, con quienes mejor me lo pasé cuando era adolescente fue con mis amigos, sin duda alguna. ¡Solo quería estar con ellos! ¡Siempre! Eran, de alguna forma, como mi «nueva familia» y me sentía de ma-ra-vi-lla a su lado. Pero ellos, igual que yo, también estaban en pleno cambio y pasaban cosas: a veces chocábamos; otras, alguien se descolgaba; otras, alguien se echaba novio o novia y dejaba de venir y lo echábamos de menos; había celos, envidias... Cosas muy normales, pero que en aquella época me parecían el fin del mundo y me hacían sufrir. En resumen: **todo era MUY intenso**, también las relaciones con los demás, pero justo eso ¡me hizo aprender muuuchas cosas!

Piensa un momento en las relaciones que tienes en la actualidad y que son muy importantes para ti. Tal vez has vivido algunos cambios en este sentido últimamente o tal vez no, y sigues con las mismas relaciones desde hace mucho tiempo. Sea como sea... **¿Qué relaciones sientes que ahora son las más importantes para ti? ¿Con quién y por qué?**

¿Qué tipo de conflictos son los que te hacen sufrir más y con quién? ¿Por qué crees que sufres tanto? ¿Qué sueles hacer cuando te peleas con alguien?

¿Cuál es el mayor disgusto que has tenido con alguien?

Ahora que quizá el recuerdo te ha removido, deja que te mande un fuerte abrazo. Este dolor que sientes pasará. Respíralo, abrázalo e intenta recordar todas las cosas «buenas» que también has aprendido con eso que viviste y con esa persona con quien tuviste el conflicto.

CON EL TIEMPO, ESA EXPERIENCIA TE AYUDARÁ A LLEVAR MEJOR OTRAS SITUACIONES SIMILARES. ¡TE LO PROMETO!

SOS, CONFLICTO: ¿QUÉ HAGO?

Seguro que hace rato que piensas: «Oye, Míriam, pero cuéntame qué hago cuando me cabree con alguien y no sea arrancarle la cabeza, que es lo que en realidad tengo ganas de hacer, ¿no?». Ja, ja, ja... Ahora mismo, no sufras.

SOS

Lo primero que te indicará que te encuentras en un conflicto será tu cuerpo, porque notarás tres cosas que se te acelerarán:

* la mente
* la respiración
* el corazón

Si permites que todo se dispare, es probable que la emoción que llegue (ya sea rabia, tristeza, impotencia o cualquier otra) tome las riendas y te pongas a hacer cosas sin mucho sentido y de una forma muy inconsciente. Y en ese momento es cuando puedes meter la pata hasta el fondo y hacer algo que NO deberías hacer. Por tanto, recuerda que cuando todo se acelera tienes una misión: **FRENAR** para poder pensar con más claridad qué hacer ante ese conflicto. Pero ¿cómo puedes conseguir frenar si vas a mil revoluciones? **Respirando despacio**. La respiración lenta es la que te hará recuperar tus pulsaciones normales y lo que hará que puedas pensar de forma inteligente. Puedes hacer respiraciones en las que inhales durante cinco segundos, aguantes el aliento dos segundos y luego expulses el aire durante cinco segundos más. Solo con que lo hagas tres veces, ya vas a notar la diferencia y entonces podrás pensar mejor.

Es como si te plantaran una señal de **STOP** delante de las narices que te indica qué debes hacer. Mira:

S: STOP, PARA.
T: Tres respiraciones profundas.
O: Observa qué ha ocurrido, cómo te sientes, qué necesitas.
P: Procede a actuar de manera consciente e inteligente.

Esto te va a ayudar a que no se te vaya la olla, porque cuando pasa esto, no actúas bien, luego aparece la culpa y los malos rollos dentro de ti, y todo lo que generamos después es aún peor de lo que realmente ha ocurrido.

Los disgustos, los enfados con padres y amigos, provocan dolor y es normal. A nadie le gusta pelearse con las personas a las que quiere, pero este dolor se tiene que abrazar. ¿Qué quiero decirte con esto? Que en vez de fingir que no existe o crear más dolor enfadándote y reaccionando de una forma desproporcionada, lo que hay que hacer es **mirar hacia dentro y entender la emoción que te ha invadido**. Si es rabia, respírala. Si es tristeza, respírala. Si es impotencia, respírala. Entonces el cuerpo te comunicará lo que necesitas: si llorar, si hablar del tema con alguien, si un abrazo, si contar a la otra persona cómo te hace sentir, si esperar y estar solo un rato, si salir a correr, si dibujar, si escuchar música… **Las respuestas saldrán de dentro y te dirán qué necesitas para abrazar y hacer que la emoción que estás sintiendo se vaya haciendo más pequeña.** Recuerda que son como las olas del mar y que después de hacerse grandes, se vuelven pequeñas. Que después de cualquier tormenta, llega la calma.

¡HAY QUE HABLAR!

Muchas veces, los conflictos aparecen porque no sabemos explicarnos bien o no sabemos comunicar lo que nos ocurre o lo que necesitamos de una forma **asertiva**, que no es más que expresarnos sin agresividad, de una forma conectada, positiva, libre y con seguridad, sin negar lo que siente la otra persona ni sus derechos. Ojalá desde pequeños ya nos enseñaran a hablar de esta forma, a expresar lo que sentimos así. Y ojalá los adultos que nos rodean también fueran capaces de ser asertivos con nosotros, pero la verdad es que la mayoría de la gente no sabe lo que es la comunicación asertiva y no violenta y hace lo que puede.

Tal vez tengas algún amigo que, cuando se enfada, en vez de explicar bien cómo se ha sentido y lo que sea que le haya ocurrido, se pone a criticar y a acusar a los demás, a chillar y a tratar fatal a quienes lo rodean. O puede que tengas una hermana que cuando los padres os avisan de que no les gusta algo que estáis haciendo, va y te culpa a ti enseguida y eso te da una raaaaaabiaaaaaa... ¡Pues eso es porque no sabemos

hablar asertivamente! Ni los políticos, ni la gente que trabaja en los medios de comunicación, ni en las redes sociales... ¡Nadie sabe hacerlo! Todo son ataques y defensas, ataques y defensas... Y así... ¿cómo vamos a llegar a algún acuerdo? **¡ES IMPOSIBLE!**

Te pongo un ejemplo que ya hemos visto, pero que podemos analizar en más profundidad. Supongamos que dos amigas tuyas (o dos amigos) con quienes siempre quedas, hoy se verán pero no te han avisado. Cuando te enteras, te sienta mal.

✕ ACTUAR DE FORMA NO ASERTIVA:

1. No dices nada, pero estás enfadada o enfadado y cuando las ves, estás de morros.
2. Cuando las ves, les dices: «Ya os vale, no me habéis avisado, ¡que os den!».
3. Ignoras tus sentimientos y finges que no te ha sabido mal y no les dices nada, pero por dentro sientes una rabia que no expresas.
4. Otro día, eres tú quien les hace lo mismo a ellas, para que sepan qué se siente.

ACTUAR DE MANERA ASERTIVA:

1. Te das cuenta de que te sabe mal que no te lo hayan dicho. Respiras lo que sientes e intentas entenderlo y validarlo. Te dices cosas como: «Es normal que me sienta así. Ahora es intenso, pero pasará. Respiro esta emoción, porque es válida y me ayuda a que, poco a poco, vaya menguando. Cuando baje la intensidad, veré lo que necesito».
2. Cuando la emoción disminuye un poco, observas si necesitas explicárselo a tu hermana, a tu padre o a tu madre, o si te va mejor escribir cómo te sientes, por ejemplo. Te regalas lo que necesitas.
3. Cuando las ves les dices cosas tipo: «Ayer no me sentó nada bien saber que no me habíais avisado para quedar. Sé que tenéis todo el derecho del mundo a quedar sin mí, pero me hizo sentir excluida y muy triste». Les comunicas tu malestar sin esperar nada y sin acusaciones ni agresividad.

Cuando nos expresamos desde lo que sentimos («me puso triste», «lo que dijiste me hizo sentir rabia porque me pareció injusto», etc.), la otra persona puede entendernos mejor porque también ha sentido estas emociones alguna vez y puede **empatizar**. Siempre será más fácil comprendernos, acercar posiciones y resolver los conflictos si hablamos desde lo que sentimos. Si lo hacemos, quizá llegan sorpresas, como que tus amigas te digan que tu reacción tiene todo el sentido del mundo y que para nada querían excluirte:

Lo siento, no teníamos ninguna intención de hacerte sentir mal. De hecho, como todos los martes estás en casa de tu padre y no puedes quedar, no te lo dijimos directamente, pero nos hubiese encantado que vinieras. ¡El próximo día te lo diremos seguro!

Si, en caso contrario, no quieren quedar contigo y te dicen algo como: «Es que nos gusta más quedar solas, lo siento», entonces sabrás que tal vez no son las amigas que creías y te va a tocar abrirte con otras personas que te valoren y que de verdad quieran estar a tu lado. ¡No podemos gustar a todo el mundo! Debemos rodearnos de quienes nos aporten bienestar y sientan lo mismo que nosotros. No es un drama, solo es cuestión de tiempo que las encuentres, y las encontrarás.

¿Puedes identificar un momento en el que NO hayas actuado de una forma asertiva? Escribe cuándo fue y qué hiciste que tal vez no fuera lo más acertado.

Y ahora, imagina la misma situación, pero resuélvela de forma asertiva. **¿Qué podrías haber hecho para afrontar ese conflicto de una mejor manera? ¿Qué pasos habrías podido seguir?**

Haz que, a partir de ahora, cuando lleguen conflictos a tu vida, te los tomes como retos que tienes que superar, y con las herramientas que ahora tienes, lo podrás hacer mucho mejor. Como si estuvieras en un videojuego en el que tienes que superar obstáculos y el premio es…

¡UNA VIDA MÁS LLENA, MÁS FELIZ Y DIVERTIDA! ¡¡¡VENGA, VAMOS!!! ¡¡¡TÚ PUEDES!!!

¡Tú puedes!

EL RUNRÚN QUE NO PARA

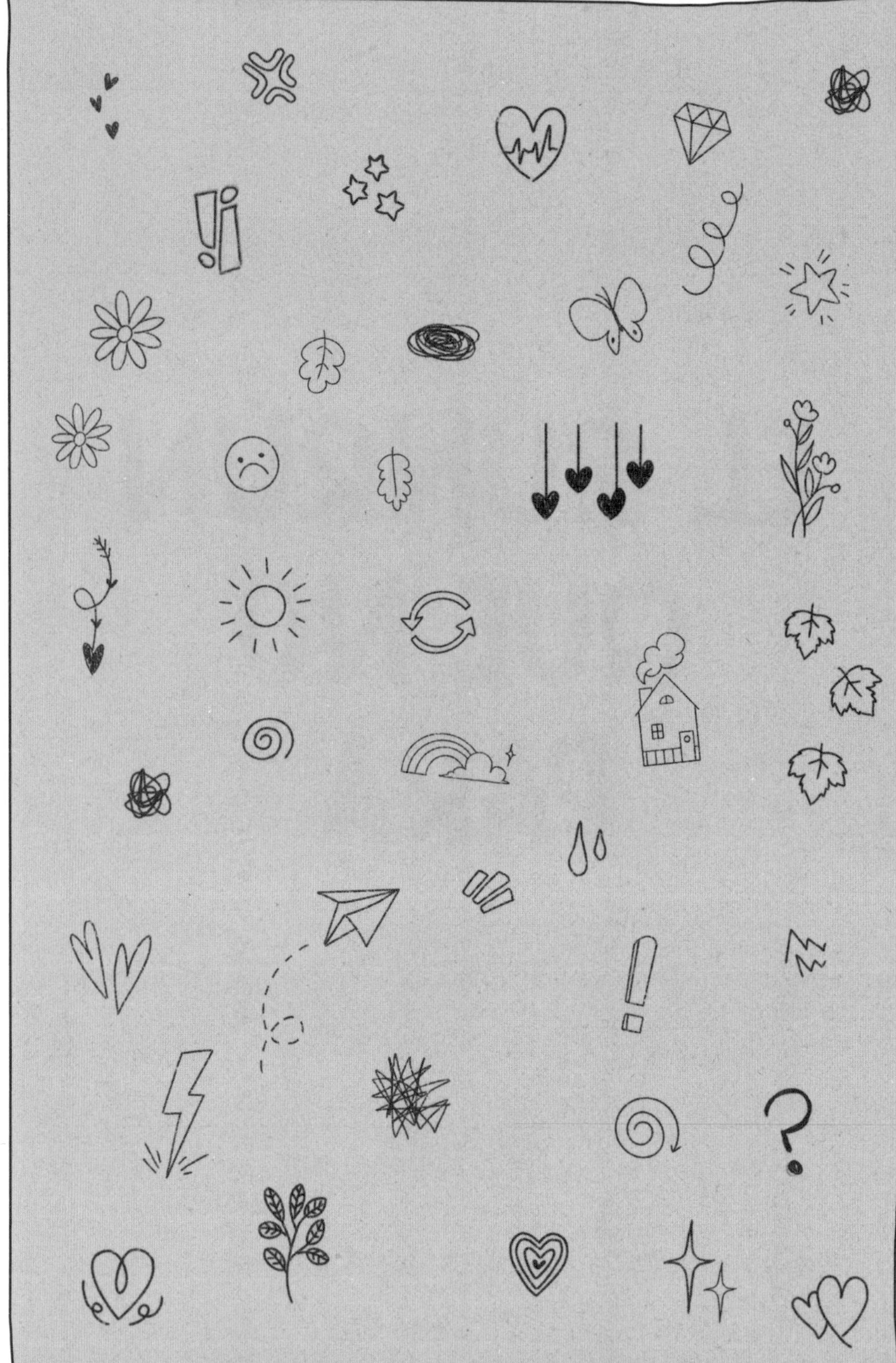

¿Alguna vez has sentido, dentro de ti, como **un runrún que no para**? ¿Como una inquietud que te provoca malestar, pero que no sabes definir qué es ni qué hacer para dejar de darle vueltas? ¿Que da igual lo que hagas, que es insoportable porque no te deja en paz?... A veces, este runrún que no calla viene acompañado también de pensamientos que se repiten sin parar y que, a menudo, empiezan con un «¿Y si...?», de los que ya hemos hablado antes.

Pues bien, este **runrún**, como yo lo llamo, es la **ANSIEDAD**, una amiga pesada que no te deja en paz. ¿Habías oído hablar alguna vez de ella? Quizá fuiste a ver la película *Del revés 2* y viste aparecer a un nuevo personaje un tanto histérico que ponía de los nervios a todo el mundo porque no paraba quieto y era un poco estridente, ¿verdad? Pues sí, la ansiedad puede sentirse así: **PESADA, HISTÉRICA Y ESTRIDENTE**. ¡Y lo peor de todo es que no sabemos ni por qué llega ni qué hacer con la ansiedad, y entonces no nos podemos librar de ella!

Cuando he sentido ansiedad, lo he pasado realmente mal porque, aunque alguna vez podía desaparecer, luego regresaba con fuerza. Por ejemplo, si hacía deporte, ese runrún parecía haberse ido ya, pero al cabo de un rato, ¡pum! La muy pesada ya había vuelto, como una garrapata que no se despega de tu cuerpo.

Recuerdo un día, cuando yo tendría unos dieciocho o diecinueve años, más o menos, en que dentro sentía este runrún insoportable y me puse a respirar más fuerte, como para echarlo de mi cuerpo. Pero cuanto más fuerte respiraba (y de un modo forzado también, por qué no decirlo), más notaba esa inquietud y sentía que no se me terminaban de llenar bien los pulmones. Y, además, percibía que no respiraba bien, sino que lo hacía cada vez peor y el runrún se intensificaba más y más en mi interior. Cuando llegué a casa, me susté porque tenía una sensación muy desagradable y me puse a pensar: «¿Y si me estoy muriendo? ¿Y si esta sensación no se va y quiere decir que me está dando un ataque al corazón? ¿Y si este runrún no se va nunca más y tengo que vivir toda la vida con esta sensación tan desagradable en mi interior?». Te prometo que lo pasé fatal y me puse a llorar de la impotencia y de la rabia que me daba sentirme así. Gracias a la llorera, que me hizo dejar de pensar en aquel **runrún** y me liberó completamente, fui sintiéndome cada vez mejor y me pareció que la inquietud se iba.

Luego, me armé de valor y le conté a mi madre que no estaba bien, que **tenía algo dentro que no me dejaba sentirme en paz**. Y era eso: que mi interior no estaba en paz, ocurrían cosas que yo no entendía y me provocaban mucho malestar, sobre todo esa manía (que no era una manía, pero yo no lo sabía) de pensar en cosas que no ocurrirían nunca, de tener miedo de que sucediera alguna desgracia en cualquier momento.

Mi madre me habló de la ansiedad en un momento en el cual no se hablaba en absoluto sobre ello. Me explicó que lo que me ocurría era normal y que ese **runrún** estaba relacionado con las **emociones que necesitaban ser vistas y entendidas**. Que tal vez algunas eran del pasado y otras del presente, pero que todas requerían de un espacio por donde poder salir. Al cabo de poco, empecé terapia y ¡me fue de maravilla! Porque pude empezar a **prestar atención a mi ansiedad**: escuchar lo que me decía, ver de dónde venía, qué miedos tenía y tomar consciencia de ellos. Entonces empecé a darme cuenta de que no todo lo que me decía mi mente era real. Lloré mucho en terapia, ¡muchísimo! Creo que más de un día acabé con todos los pañuelos, ja, ja, ja... Pero «sacar» lo que me preocupaba desde hacía tanto tiempo fue liberador. Tengo que confesarte que no le dije a ningún amigo ni amiga que iba a terapia, me daba mucha vergüenza, no fuese que creyeran que estaba loca. Piensa que en esa época muy poca gente iba al psicólogo y no estaba bien visto. ¡Por suerte, eso ahora ha cambiado!

Si tú vas, quiero que sepas que no debes avergonzarte y que eres muy valiente porque, yendo, estás demostrando que **TE IMPORTAS**, que quieres aprender sobre ti, y que quieres resolver todas aquellas cosas que no marchan bien. **¡Y *eso es fantástico*!** Seguro que cuando acabes este proceso, serás mucho más feliz de lo que eras antes.

¡BRAVO!

Ahora, volvamos a la ansiedad. ¿Qué quiero que sepas?

* **La ansiedad intenta sacarte del presente**, que te vayas del aquí y el ahora, de lo que estás haciendo, y se pone a contarte tonterías.
* **La ansiedad activa tus miedos** con suposiciones que te hacen sufrir.
* **Te activa físicamente** con una inquietud que te provoca nerviosismo, respiración agitada, pensamientos atropellados, y te genera un malestar en el cuerpo que a veces puedes confundir con problemas físicos.
* **No te deja parar**, porque este runrún es tan desagradable que si te detienes, crees que se hará más grande, y como eso te da miedo, tratas de huir haciendo más cosas, intentado hacer que pare, pero es un pez que se muerde la cola y en vez de detenerse crece aún más.

¡HOLI, ANSIEDAD!

Tratar de escapar de ella, ya te lo digo ahora, **NO** funciona, así que es mejor que la mires de frente y le digas: «¡Holi, ansiedad!». Saludarla te ayuda a reconocerla y a ser consciente de que la estás sintiendo. O sea, que la ansiedad está aquí contigo. Darte cuenta de que tienes el **runrún** dentro es el primer paso para echarla y deshacerte de ella. Por tanto, nada de fingir que no está ahí ni de mirar hacia otro lado. Eso solo alargará tu malestar y tu angustia. Plántale cara, para y di: «¡Holi, ansiedad!».

Antes, cuando te hablaba de las emociones, te he dicho que aparecían para explicarnos algo que necesitábamos ver y atender, ¿verdad? Pues bien, el segundo paso para plantar cara a la ansiedad es mirarla y escucharla. **¿Qué ha venido a decirte, de qué quiere que te des cuenta?** Te daré algunos ejemplos:

Puede que hayas empezado a sentir ansiedad desde que has comenzado el instituto porque sientes que no terminas de

STOP
4/5
English Test
1/5
2/6
0/5

encontrar tu sitio y no has hecho amigos que te hagan sentir del todo bien y, a veces, como en el instituto no te sientes segura y en casa también se originan más conflictos, tu cabeza te dice cosas como que todo es una mierda, que nadie te quiere, que nada te saldrá bien, que nunca tendrás amigos, que eres fea y un largo etcétera. Y como te sientes tan perdida, tal vez te hayan surgido pensamientos como que un día pasará algo terrible o que después de pelearte con tu madre quizá al día siguiente se va a morir y te vas a sentir fatal y en realidad la quieres y luego te sientes muy culpable y sola... Esta inquietud que te producen todas estas emociones y pensamientos se te hacen una bola enorme dentro del pecho y no te dejan ni siquiera respirar bien.

Así pues, en el caso de este ejemplo, lo que yo te propondría que hagas es que **te des cuenta de todo esto que te ocurre y vayas paso a paso**.

NO QUIERAS QUE TODO CAMBIE DE LA NOCHE A LA MAÑANA.

Del mismo modo que la ansiedad necesita unas condiciones para llegar y normalmente se dan con el tiempo; para irse, también hace falta cierto tiempo y condiciones. ¿Qué pasos podríamos seguir para ocuparnos de la ansiedad y que le vayamos enseñando la puerta?

1. **Reconozcamos que está ahí.** La saludamos y nos damos cuenta de que ese runrún tan molesto es la ansiedad intentando llamar nuestra atención para que la escuchemos.
2. **Recordemos el momento en el que empezamos a sentirla.** Cuando lo descubramos, intentemos comprender qué pasó y cómo nos sentimos para que llegara la ansiedad.
3. **Validémosla y abracémosla.** Le podemos decir cosas (y en el fondo nos lo estamos diciendo a nosotras mismas) como por ejemplo: «Es normal que hayas aparecido con las últimas semanas que llevo... Te veo y te abrazo. Sé que no vienes a molestarme, sino a enseñarme cosas que no estaba viendo».
4. **Obsérvémosla.** ¿Qué nos enseña? En el caso del ejemplo anterior, que lo estamos pasando mal en el insti con el tema de las amistades y que no acabamos de encontrar nuestro lugar, ¿qué puede irnos bien en vez de guardarnos este runrún? Compartirlo con alguien: si tenemos alguna amiga o alguna profe que nos genere confianza o algún familiar, o quizá podamos decirles a nuestros padres que necesitamos ir a terapia. Eso hará que dispongamos de un espacio seguro en el que hablar de lo que nos inquieta y que un adulto nos ayude si sentimos que

el resto de los adultos que nos rodean no lo pueden hacer o no queremos que lo hagan.

5. **Respiremos** la ansiedad poco a poco y no dejemos que nos lleve a otros lugares. ¿Con esto qué quiero decir? Que si estamos en nuestra habitación haciendo los deberes y nos damos cuenta de que llega la ansiedad, la respiramos y le podemos decir: «Vienes a hacerme pensar que tal vez el examen me irá mal, pero es dentro de tres días y ahora estoy estudiando. Y ahora es ahora. Lo que me estás diciendo NO está ocurriendo y escojo no hacerte caso».
6. **Llorémosla.** A veces, lo que nos irá mejor es llorarla. Sentirla profundamente y sacar fuera todo lo que nos hace sentir. Las lágrimas nos ayudan mucho a drenar y disolver todo aquello que por dentro se nos hace bola. No menosprecies nunca el poder del llanto como generador de bienestar. Si de pequeña o pequeño te decían que no podías llorar, que eras un llorica y que no estaba bien, deja que te diga que eres una persona que sabía algo muy importante: que llorar te ayuda y que hacías bien en usarlo.

¿PASAMOS A LA PRÁCTICA?

Quizá, después de explicarte esto, veas que nunca has sentido este runrún tan insoportable dentro, pero tal vez sí. ¿Qué te parece si hacemos un poco de memoria? **¿Lo has sentido alguna vez? En caso afirmativo, escribe cuándo y qué había ocurrido antes para que te provocara ansiedad.**

Cuando sientes o has sentido ansiedad, ¿qué has hecho?

¿Qué crees que viene a decirte la ansiedad en tu caso? ¿Qué piensas que quiere que veas y atiendas? ¿De qué crees que debes darte cuenta para que la ansiedad empiece a menguar?

Si no sabes qué poner porque aún no has dado con qué quiere la ansiedad de ti ni por qué la sientes a veces, no te preocupes. Despacito, no hace falta que lo sepas todo enseguida… Hay cosas que requieren tiempo. Y tú, ahora que te has leído este capítulo, seguro que prestarás mucha más atención y puede que algún día encuentres las respuestas que ahora no encuentras.

¡NO SUFRAS! ¡TODO ESTÁ BIEN!

EJERCICIOS QUE TE VAN A IR DE MARAVILLA

¡Práctica!

Lo que ahora te voy a contar te ayudará mucho, tanto si nunca has sentido ansiedad, porque no te visita, como si sí la has sentido, para no permitirle que tome las riendas de tu vida. Son **ejercicios físicos** que debes hacer con el cuerpo y la respiración, pero son tan fáciles de hacer que los podría poner en práctica un niño de tres años, así que no te asustes, que estarán chupados, ¡no como los problemas que te ponen en mates!

A lo largo de este libro (que espero que no hayas tirado aún a la basura), te he hablado ya varias veces de la respiración, y es porque **la respiración es tu timón**. Cuando sientas que los pensamientos te agobian o cuando te duela alguna parte del cuerpo o cuando te abrume una emoción muy fuerte..., la respiración será tu **salvavidas**, al que te podrás agarrar para que lo que está ocurriendo no se te lleve. Piensa en eso. Visualiza el timón de un barco. No puedes ir a la deriva, ¿verdad? Tienes que tener el timón bien sujeto para llegar adonde quieras.

PUES EL TIMÓN ES TU RESPIRACIÓN. 

1 PRIMER EJERCICIO

Es tan fácil que dirás: «¡Anda, Míriam, si esto está chupado!». Ya lo sé, es **ULTRAFÁCIL**, pero es importante hacer lo que te voy a decir para que seas consciente de cómo respiras y dónde llega el aire que te entra por la nariz o la boca. **Ponte las dos manos en la barriga y ahora respira normal.** ¿Notas cómo se te mueven las manos? ¿Se te hincha la barriga y notas cómo sube y baja? Si no notas nada, quiere decir que seguramente respiras en el pecho. Ponte ahora las manos en el pecho... ¿notas cómo se mueve?

Para que la respiración te produzca calma y puedas agarrar con fuerza el timón, es mejor que lleves el aire hacia la barriga y notes como el vientre sube y baja y te mueve las manos. **Si lo notas, fantástico, y si no, significa que debes dirigir tu respiración más abajo.** Pruébalo. Intenta no mover tanto la parte alta del cuerpo y, en cambio, haz que se te hinche el vientre y desínflalo cuando saques el aire. ¿Ahora sí que lo notas?

Esto lo puedes hacer cada día cuando te vayas a dormir, por ejemplo. **Te tumbas en la cama y te llevas las manos a la barriga y haces unas cuantas respiraciones profundas.** Verás como te relajas y seguro que dormirás mejor. Hacerlo también te va a ayudar a que, el día que aparezca la ansiedad, puedas colocarte las manos en la barriga y volver a sujetar tú el timón y no dejar que ella te desvíe de tu rumbo.

PRESTAR ATENCIÓN A CÓMO RESPIRAS TAMBIÉN TE HACE ESTAR PRESENTE EN EL AQUÍ Y EL AHORA, E IMPIDE QUE LA CABEZA SE DEJE LLEVAR POR LOS PENSAMIENTOS QUE TE ALEJEN DE DONDE ESTÁS AHORA FÍSICAMENTE.

Piensa en esto cuando lleguen las *fake news*: manos a la barriga y respiración consciente... ¡Ya verás qué rápido que vuelves a agarrar el timón del barco!

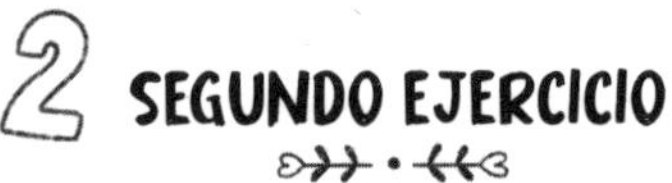

Si ha ocurrido algo y te está costando mucho volver a la calma, puedes probar a **encender una vela, si la tienes, y concentrar tu mirada en la llama y en la luz que emite**.

Luego, aléjala de tu cuerpo un poco e **intenta soplarla** de forma que se mueva la llama, pero que **no se apague**. Esto te obligará a centrar la atención, a soplar muy despacito, controlando la respiración y a hacerlo lentamente. Sin querer, ya estarás regulando tu respiración y eso te ayudará a recuperar el timón. Hazlo durante un rato. Si estás sintiendo mucha ansiedad, practícalo más veces y cuando veas que todo se va calmando (tus emociones, tu cabeza y tu cuerpo), puedes parar de hacer este ejercicio y observar cómo te sientes. **¡FELICIDADES!** ¡Habrás conseguido que nadie te robe el timón!

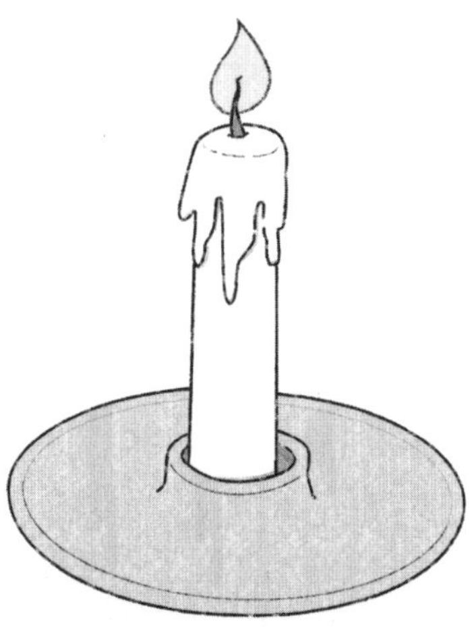

3 TERCER EJERCICIO

Si algún día sientes ese **RUNRÚN** que no para y te está abrumando o agobiando mucho, te propongo que **te sientes en la cama con las piernas cruzadas, que cierres los ojos y te pongas a respirar profundamente**, inspirando por la nariz y sacando el aire por la boca. Intenta que la espiración (cuando expulsas el aire) dure más que la inspiración, o sea, que intentes alargarla tanto como puedas, y como sacarás el aire por la boca, imagínate que con el aire sueltas todo el peso de los hombros, los brazos, las manos... **Visualiza cómo, al sacar el aire, sueltas las cargas invisibles que llevas encima** (el runrún, las preocupaciones, el malestar) sobre la cama y de la cama pasan al suelo, y del suelo se van lejísimos.

Cuando lleves un rato respirando así y notes que estás mejor, puedes probar **otra combinación**: inspiras aire durante cuatro segundos, retienes un momento la respiración durante dos y luego sacas el aire durante seis segundos. Verás como poco a poco te sientes mucho mejor. Pruébalo, y si te funciona, puedes hacer este ejercicio un rato, cinco minutitos, por ejemplo. Notarás que luego estás más contenta y conectada contigo y con los demás.

¡PRUÉBALO, NO TIENES NADA QUE PERDER!

LA FAMILIA

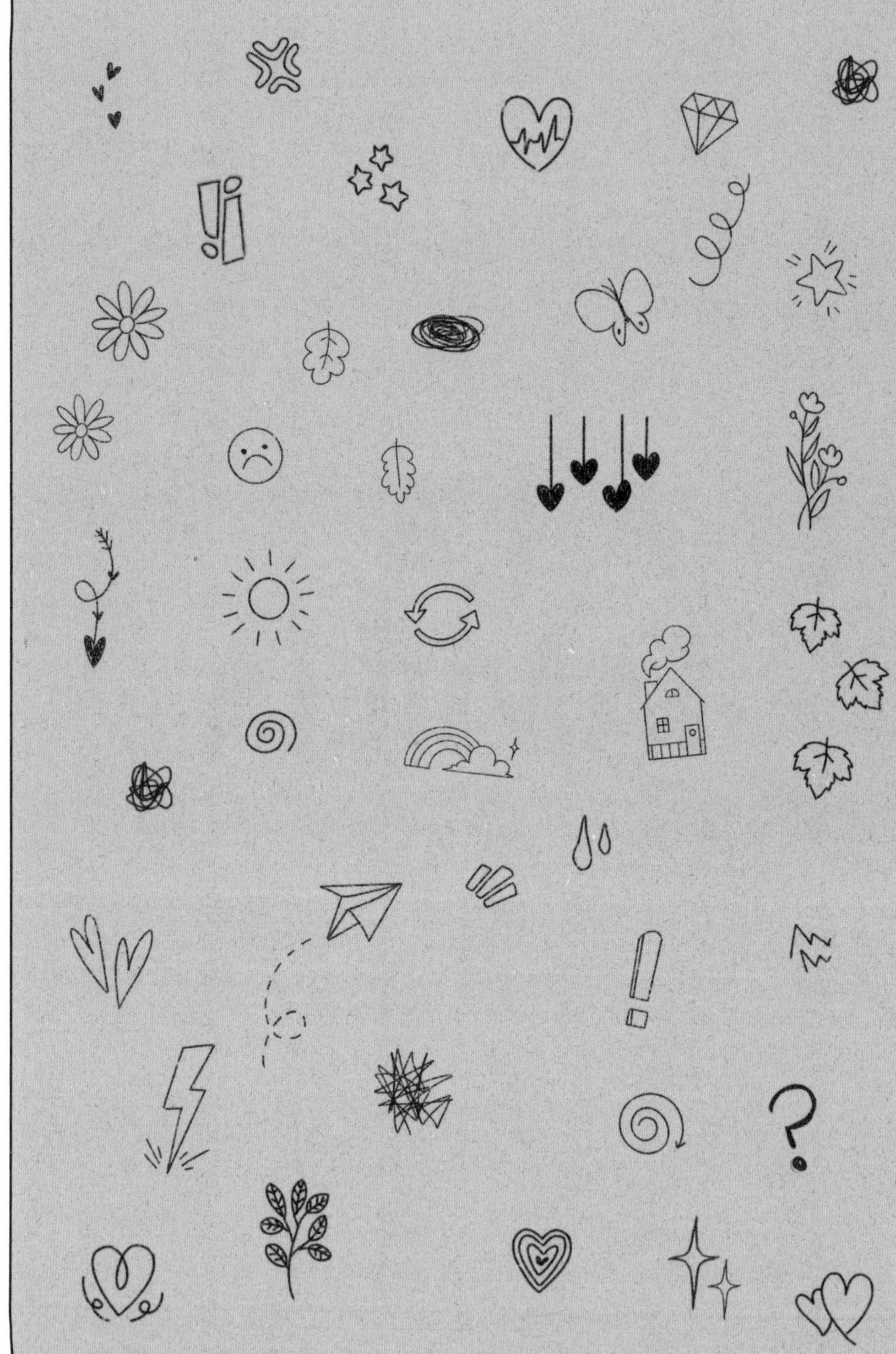

Cuando naciste, fuiste a una familia concreta y, poco a poco, has ido ocupando tu lugar entre las personas que la formáis. **La familia va evolucionando** a medida que van pasando los años y que vamos viviendo experiencias. Tal vez empezasteis siendo una familia de tres personas, pero luego nacieron hermanos y ahora sois una familia de cinco. O tal vez comenzasteis siendo una familia de cuatro y ahora resulta que tus padres están separados y tu madre vive con una persona que también tiene hijos y tu padre se ha vuelto a casar y tiene un bebé con su pareja.

¡HAY MUCHÍSIMOS TIPOS DE FAMILIAS!

Lo importante que quiero transmitirte es que es **una entidad en constante evolución** y aunque tú llegaras a una familia y no haya habido grandes cambios, ni separaciones, no sois los mismos que cuando llegaste porque...

TODOS CRECEMOS, APRENDEMOS Y EVOLUCIONAMOS. Y NUESTROS VÍNCULOS, TAMBIÉN.

Aquello que os une se mantiene, pero vuestra relación puede haber **experimentado cambios**. Por ejemplo, la relación que tenías con tu madre cuando tú tenías cinco años puede ser muy diferente de la que tenéis ahora, ¡que tal vez tienes doce o quince! O quizá antes con tu hermano os llevabais superbién y jugabais mucho rato juntos y ahora resulta que si os habláis, es para pelearos, porque él tiene catorce años y te parece que está insoportable y tú no tienes ni ganas de verlo. O puede que tuvieras una relación muy estrecha con tu padre y hoy sientes que ya no tanto, porque tiene otra pareja y te da la sensación de que te hace menos caso, quién sabe.

AUNQUE SEPAS QUE ES NORMAL QUE LAS RELACIONES VAYAN CAMBIANDO CON EL TIEMPO, ESTO TE PUEDE PROVOCAR MUCHA INSEGURIDAD.

Como hemos crecido juntos durante muchos años y nuestros familiares son personas **muuuy** importantes para nosotros, cuando sentimos que nuestra relación no es buena o cuando nos parece que nos estamos desconectando, sufrimos tanto los unos como los otros. Sin embargo, a menudo, en vez de hablarlo (lo que estamos viviendo y sintiendo), callamos y evitamos estas conversaciones que podrían ser un poco incómodas, y esto, en vez de suavizar las cosas, las empeora aún más, porque la incomunicación crece y el sufrimiento también.

Aquello que **nos hace sufrir** más en relación con nuestra familia es:

* Sentir que no tenemos nuestro propio lugar.
* Sentir que no nos aceptan ni nos quieren.
* Sentir que no nos escuchan.
* Sentir que no ven la esencia de lo que somos ni respetan nuestra autenticidad.

¡Todo esto hace sufrir **TANTO**! ¿Y sabes qué ocurre a veces? Que nosotros podemos sentirnos así y nuestros padres, al mismo tiempo, sentir que:

* Sí que tenemos nuestro propio lugar en la familia.
* Sí que nos aceptan y nos quieren.
* Sí que nos escuchan.
* Sí que ven la esencia de lo que somos y respetan nuestra autenticidad.

¿Cómo es eso posible? Pues porque **cada cual tiene un punto de vista de las cosas** y las vivimos y las sentimos a nuestro modo. Nuestros padres y hermanos también pueden sentir, por ejemplo, que:

* No los tenemos en cuenta.
* No los queremos.
* No los respetamos.
* No creemos que hagan algo bien.

Y en cambio nosotros, **en nuestro interior**, podemos sentir que:

* Sí que los tenemos en cuenta y nos importan.
* Sí que los queremos.
* Sí que los respetamos.
* Sí que creemos que hacen bien muchas cosas.

A veces, en nuestra relación, **nos fijamos más en lo que no funciona que en lo que sí**. Además, todos conservamos ciertas heridas, incidentes con estas personas que nos han dolido y como no se lo hemos comunicado, esas **heridas** no se han cu-

rado y luego, cuando pasan otras cosas, las heridas sangran un poco más y entonces nos enfadamos aún más porque se les añade lo que acaba de pasar. Y todas las cosas acumuladas en nuestra herida que nunca hemos contado van creando una gran bola. **Tus padres también tienen sus propias heridas**: algunas relacionadas con sus padres, pero contigo, se les abren porque les recuerdas la relación padres-hijos que ellos tuvieron con los suyos y no siempre es fácil.

Pero eso no es todo: vivimos en una sociedad que va a toda prisa, ¿no te parece? Muchas familias están muy **estresadas**, tienen demasiadas actividades y demasiadas obligaciones, así que nadie tiene tiempo de nada y aún menos para **parar, mirarnos y escucharnos**. Es como si, a veces, no hubiera tiempo para sincronizar nuestros relojes e intentar ir a la una, ¿no crees? La falta de tiempo para poder conectar los unos con los otros dentro de una familia es, en gran parte, la culpable de muchos de los conflictos que hay hoy en día. Hijos que echan de menos a sus padres, hermanos que se pelean muchísimo para llamar la atención de sus padres para que les presten más atención, padres que riñen porque no tienen tiempo de nada y un largo etcétera.

Hay que vivir más tranquilamente y tener más tiempo: para hablar, para mirarnos, para conectar, para cuidar nuestro vínculo... Como cuando éramos bebés y a veces la madre y el padre no hacían otra cosa que tenernos en brazos y quedarse embobados mirándonos. **Necesitamos tiempo para disfrutar de nuestra presencia juntos e intentar reducir la distancia que nos separa.**

Quizá ahora me estás leyendo y piensas: «¡Anda ya! ¡Lo último que yo quiero es pasar más tiempo con mis padres! ¡Si no los soporto!». Te entiendo, yo a tu edad tampoco quería pasar mucho tiempo con ellos. Pero, a menudo, me hacía sufrir la forma en la que nos relacionábamos. Me parecían unos pesados y ellos creían que yo era una egocéntrica que pasaba de todo. Y ninguno teníamos razón. Y a la vez, todos teníamos unos comportamientos que nos daban un poco la razón. Pero cuanto menos hablábamos y más nos distanciábamos, más conflictos aparecían.

Ja, ja, ja...

A VECES LOS PADRES NO ENTIENDEN EN ABSOLUTO LA ADOLESCENCIA.

Les va muy grande. Ver que su hijo o hija los necesita menos o que crece y hace cosas nuevas que ellos no dominan o que desconocen los hace sentir muy inseguros. Y entonces, sufren: por si se descarrilan, por si los llevan por el mal camino, etc. Y algunas veces, ¿sabes qué hacen? Intentar controlar más a su hijo o hija y ser… Adivina: **¡AÚN MÁS PLASTAS!** ¿Y qué hace su hijo o hija cuando nota que los quieren controlar y que sus padres son aún más plastas? Exactamente: **¡distanciarse y enfadarse todavía más!** Normal. Un día escribiré un libro para que los padres te entiendan más, pero este es para ti.

¿Qué te podría ir bien saber ahora si crees que tienes conflictos con tu familia?

* **Que tus padres te quieren aunque os peleéis**, aunque pasen cosas y tengáis conflictos. Te quieren. Es casi imposible no querer a un hijo, te lo prometo.
* **Tus padres también van perdidos muchas veces** y no saben tampoco qué hacer ni qué decir. A menudo, tienen poca información sobre la adolescencia y sobre qué es normal y qué no. Entonces, les entra el miedo y cuando sufren, hacen cosas que te cargan. Es normal.
* **Esta etapa pasará**, e igual que habéis vivido etapas estando más conectados, lo podéis volver a estar, porque recuerda que estáis en continuo cambio.
* **Tal vez hablar os iría bien** y si no te ves capaz de hacerlo, puedes plantearte escribirles una carta en la que les expliques cómo te sientes y qué necesitas.

¿PASAMOS A LA PRÁCTICA?

¿Qué te parece si pones por escrito cómo te sientes respecto a tu familia? Respira profundamente y trata de responder a estas preguntas:

¿Sientes que te quieren y que tienes un lugar propio dentro de la familia?

¿Cuál crees que es el peor conflicto que tenéis en la familia? ¿Piensas que se podría hacer algo para resolverlo? ¿Qué?

¿Qué significa para ti tu familia? ¿Crees que tienes un vínculo bonito con todos sus miembros? Tanto si crees que sí como si opinas que no, reflexiona por qué.

¿Cómo te gustaría que fuera la relación con tu familia dentro de diez años?

Espero que, como mínimo, el hecho de haber leído este capítulo y haber reflexionado sobre este tema te ayude a ver las relaciones familiares de una forma mucho más conectada y tranquila. Y si no lo consigues…

CALMA, ESTO TAMBIÉN PASARÁ, ¡TE LO PROMETO!

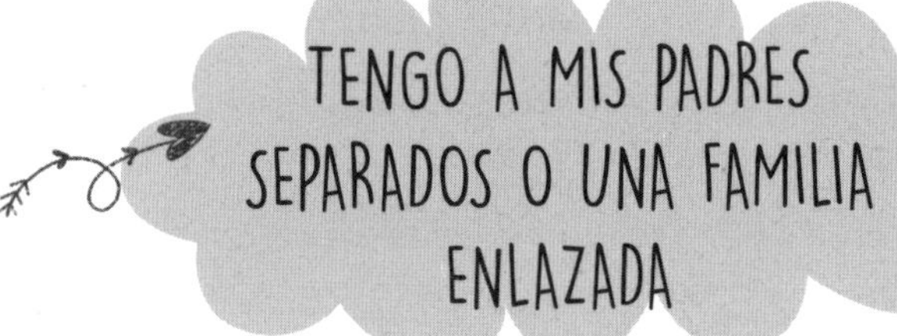

Si **tus padres no están separados**, no pases de largo y te saltes esta parte, porque seguro que tienes amigos o amigas con padres separados y si sigues leyendo, estoy segura de que los podrás entender y acompañar mucho mejor y quizá te hará reflexionar sobre cosas que no te habías planteado nunca.

Si **tus padres están separados**, estoy segura de que has sentido un montón de emociones relacionadas con este hecho, ¿verdad? Es complicado, a veces, aceptar que dos de las personas que más queremos en este mundo ya no son capaces de convivir como habían hecho cuando nosotros nacimos... Puede que se hayan separado cuando ya eras mayor y tienes muchos recuerdos (buenos y quizá malos) de cuando vivíais todos juntos. Cuesta un poco entender por qué los adultos a veces quieren separarse. O por qué se desenamoran o la razón por la cual se enamoran de otras personas o por la que se pelean y no son capaces de tratarse bien...

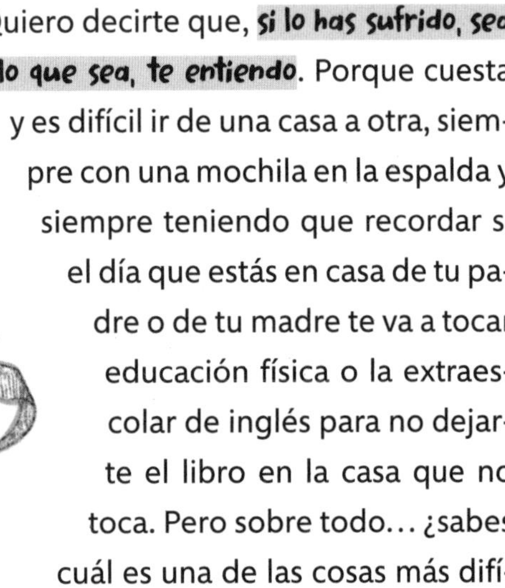

Quiero decirte que, **si lo has sufrido, sea lo que sea, te entiendo**. Porque cuesta y es difícil ir de una casa a otra, siempre con una mochila en la espalda y siempre teniendo que recordar si el día que estás en casa de tu padre o de tu madre te va a tocar educación física o la extraescolar de inglés para no dejarte el libro en la casa que no toca. Pero sobre todo… ¿sabes cuál es una de las cosas más difíciles? Sentir **AÑORANZA** por uno u otro porque en pocas o en ninguna ocasión estáis todos juntos. A mí me pasaba: cuando hacía algo muy guay y me tocaba con mi madre, me sabía mal que mi padre se la perdiera y no me pudiera ver en ese momento, contenta o siendo feliz. Y al revés: cuando estaba con él, la echaba de menos a ella… Y así siempre. Que sea normal sentir todo esto no significa que sea fácil, ¿verdad? **¡Y no, no lo es en absoluto!**

Poco a poco, por suerte, te vas acostumbrando a esa situación y se va volviendo más soportable, sobre todo si tus padres tienen una relación cordial. Pero si no es tu caso, si, en cambio, se pelean a menudo o, peor aún, te meten a ti por medio, esto provoca muchísimo sufrimiento. Ojalá este no sea tu caso, pero si lo es, deja que te diga que te mando un fuerte abrazo y que todo lo que ocurre **NO ES CULPA TUYA**. Es por las heridas que te he mencionado antes. Y son ellos quienes las deben curar, cada cual las suyas. Pero te lo aseguro, de verdad: no eres responsable para nada.

Antes te he hablado de **familias enlazadas**, esas que se dan cuando tu padre o tu madre se emparejan con alguien que también tiene hijos, con los que tienes que convivir y sois como hermanos pero sin serlo de sangre. Cuántas emociones despierta eso, ¿no? Porque hay taaantas relaciones en juego que a veces cuesta saber qué sientes y cómo apañártelas con tanto cambio.

cambios, cambios, cambios

Está la relación que tú estableces con la **pareja** de tu padre o de tu madre, ¡que quizá no te cae muy bien! Y cuando eso pasa es horrible, ¿verdad? Porque tienes que convivir con esa persona y no quieres. Pero puede que ocurra todo lo contrario: que te encanta y tenéis muy buena relación y, además, te ayuda en muchos momentos. Te quiere y es un nuevo vínculo que te aporta bienestar y amor a tu vida y eso es **GENIAL**.

Yo tuve suerte con eso: las respectivas parejas de mi padre y de mi madre han sido muy importantes para mí. Me han querido mucho y yo las he querido mucho y me hace muy feliz que entrasen en mi vida. Pero entiendo que no a todo el mundo le ocurre lo mismo. Ellos no tenían hijos: los hermanos llegaron más tarde, cuando yo era adolescente. ¡Mi padre tuvo dos bebés y mi madre, uno! En un pispás, cuando yo tenía quince años, empecé a vivir entre bebés y fue muy raro, la verdad.

¿Sabes cuál es la emoción que más aflora cuando esto pasa o cuando la pareja de nuestro padre o madre tiene hijos y tenemos que convivir todos? **Los celos.** Perdemos tiempo en exclusiva con nuestro padre o madre y eso nos escuece. Además, vemos cómo ellos se relacionan con otro niño o niña o cómo empiezan a querer a un bebé que acaban de tener con su nueva pareja y... ¡uf, no es nada fácil! Surgen dudas como: «¿Y si a mí ya no me quiere? Como ahora están creando una nueva familia, ¿me van a dejar a mí de lado? ¿Y si les gustan más los hijos de su pareja que yo? ¿Y si los quieren más que a mí?». Son preguntas que nos hacemos y que nos hacen sufrir, pero que pocas veces expresamos con claridad a nuestros padres. Yo, aunque pensaba todo esto, nunca se lo pregunté directamente. ¡Me daba **VERGÜENZA**! Creía que quizá se iban a enfadar o que se reirían de mí o, simplemente, no quería que vieran que lo pasaba mal porque no quería que sufrieran. Un buen lío, vamos.

Con este capítulo, que puede que te haya parecido un tostón (espero que no), quiero decirte que **todo eso que sientes es normal y que tienes todo el derecho a sentirlo**. Que lo sien-

tes porque quieres a tu familia y a todos sus miembros y te surgen dudas porque todos los cambios provocan inseguridades que siembran la incertidumbre y ¡los humanos no nos llevamos muy bien con la incertidumbre!

Te propongo que te plantees, en algún momento, **expresar** todo esto. Por ejemplo, por escrito, o si tenéis algún momento a solas con tu padre o tu madre, puedes probar a explicarle cómo te sientes. Hazlo durante **un momento de calma y sin reproches**, solo explicándole tus emociones desde que ha habido estos cambios en tu vida. Seguro que le gusta saber qué te ocurre y cómo te sientes.

Pero si no tienes ganas, no pasa nada. Ya llegarán algún día. O quizá no. Yo solo fui capaz de explicarlo por **carta**. Las escribía esperando que me entendieran un poquito y estoy segura de que eso ayudó a que nos acercáramos. O también puedes probar, si te cuesta menos, a hacerlo por WhatsApp, si ya tienes móvil. Lo que sientas. Todo está bien, tanto si lo hablas como si no. Lo importante es que en tu interior sepas que esto que te pasa es normal y que, poco a poco, seguro que irá siendo menos intenso y pasará.

RECUERDA QUE NO ESTÁS SOLO O SOLA... QUE TE TIENES A TI PARA ACOMPAÑARTE Y A MÍ PARA ABRAZARTE.

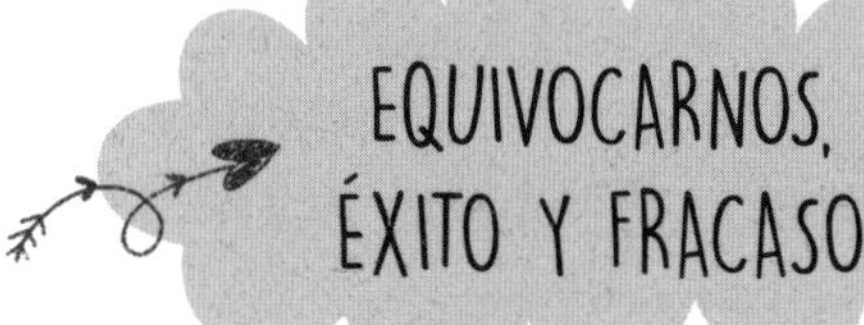

EQUIVOCARNOS, ÉXITO Y FRACASO

Muchas veces hay adolescentes que me dicen: «Para mis padres, no hago nada bien, siempre me están criticando». ¿Te sientes así, a veces? La verdad es que no hay nadie en el mundo que haga siempre las cosas bien porque somos humanos, y aunque puedas pensar que tal vez hay alguien que es perfecto, es mentira. **Nadie es perfecto.** No ha existido nunca alguien perfecto y nunca lo va a haber, porque la naturaleza humana es imperfecta y todo el mundo se equivoca. Se equivocan los niños pequeños, los adolescentes y los adultos: es inevitable. ¿Y sabes por qué? ¡Porque lo necesitamos! **Hay que equivocarse para poder aprender las cosas**, porque está demostrado que aprendemos mejor desde la experiencia. Cuando vemos las consecuencias de nuestros errores, eso nos ayuda a tomar consciencia de ellos y a intentar hacerlo mejor la próxima vez para evitar esas consecuencias que no nos han gustado.

ASÍ PUES, ¡HAY QUE COMETER ERRORES!

Pero, a ver, atención, porque eso no quiere decir que te puedas equivocar y hacer daño a los demás, por ejemplo, ni pasar de todo porque equivocarse es normal. También debemos **ser responsables**, y si hemos hecho daño a alguien, tenemos que ser conscientes de ello e intentar repararlo, pedir perdón y tratar de no volver a hacerlo. **Hacerse mayor también es esto:** responsabilizarnos de nuestros actos y reparar el daño cuando, aunque lo hayamos hecho sin querer, lo hayamos provocado.

Tal vez en algún momento has pensado que no hacías nada bien o has creído que como cometes errores (los que sean), eres tonto. ¡Nada más lejos de la realidad! Cometes errores porque eres humano, y así somos los humanos, ¡qué le vamos a hacer! Lo que pasa es que **a veces se nos hace creer que deberíamos ser «perfectos»** y si nos lo tragamos, nos pasaremos el día intentando conseguirlo y eso te puede provocar mucha frustración porque, claro, ¡es imposible!

La frustración de ver que nos equivocamos cuando quizá a veces nos gustaría hacerlo todo bien hace que podamos caer en la tentación de **pensar que no somos suficiente**, y eso nos hace bajar la autoestima en picado. En eso también tiene mucho que ver lo que vemos en las redes sociales, en la tele, en las películas: gente guapa, estupenda, que sabe hacer muchas cosas y todas muy bien, que lo muestran, con vidas que tal vez nos

¡Nadie es perfecto!

parecen mejores que las nuestras... Pero, recuerda: **tú solo estás viendo una parte minúscula de su realidad** y quién sabe si esta parte también es *fake*. Las películas son eso, pelis, fantasías que alguien se inventa, y por las redes corren muchas películas...

¡NO TE CREAS TODO LO QUE VES!

Por tanto, ve con cuidado si te das cuenta de que te comparas con otro, o crees que no eres suficiente porque te equivoques en algo, o haya cosas que no te salgan tan bien como te gustaría. A lo mejor juegas al fútbol y te parece que tus compañeros o compañeras son mejores; quizá juegas al tenis y no ganas tantos partidos como te gustaría; tal vez tocas el piano y te crees que un compañero sabe mucho más que tú...

En esta vida, todos vamos haciendo nuestro propio camino. Todos vivimos cosas dentro de nosotros que nadie más va a saber excepto nosotros, y **es importante que no nos montemos pelis en la cabeza** pensando que todo lo que hacen los demás es mejor que lo que nosotros vivimos, porque seguro que no es así y porque pensar de este modo nos hará sentir mal y no nos ayudará a vivir una vida más llena y feliz.

RECUERDA: TÚ ERES SUFICIENTE TAL Y COMO ERES Y TIENES TODO EL DERECHO A EQUIVOCARTE, METER LA PATA Y CAGARLA.

Estás aquí para **aprender** y eso es justamente lo que haces cuando no realizas las cosas como te gustaría. Cuando te levantes mañana, tienes una **nueva oportunidad** para aplicar todo lo que vas aprendiendo y poder vivir una vida mejor.

A veces, todas estas ideas brotan en nuestra cabeza porque tenemos creencias muy concretas de lo que es ser una persona con éxito o ser una persona fracasada, pero te animo a **reflexionar** sobre este tema un momento.

Para muchas personas, alguien con éxito es sinónimo de alguien que tiene mucho dinero y que ha triunfado a nivel laboral, pero ¿tú sabes cuántas personas hay con dinero que ostentan un cargo importante y que, por dentro, se sienten muy desgraciados e infelices? Entonces... ¿qué es el éxito? Con la idea de persona fracasada pasa un poco lo mismo... A nivel cultural y social, se cree que una persona así es alguien que no tiene dinero y que no ha logrado cumplir ciertos «requisitos», como por ejemplo tener un buen trabajo y triunfar a ojos de la sociedad, es decir, tener una buena pareja, dinero, etc. Pero ¿de verdad es eso alguien que fracasa?

A mí me da igual lo que la sociedad diga sobre el éxito y el fracaso. Lo que quiero es que le des vueltas un rato, para tener clara cuál es tu jerarquía de valores, qué es importante para ti y qué no. Por tanto...

¿PASAMOS A LA PRÁCTICA?

Y a ti, ¿qué cosas te hacen feliz? ¿Qué es importante en tu vida que te aporta el bienestar que se siente cuando eres feliz?

Y en cambio… ¿qué crees que te podría provocar una sensación de fracaso? ¿Qué ha pasado cuando la has sentido?

Así pues, según todo lo que acabas de escribir, **¿qué es para ti tener éxito o ser una persona exitosa?**

Y fracasar, ¿qué sería para ti, según tus valores?

La idea del éxito y el fracaso también irá **cambiando** a medida que vayas creciendo. Yo, a los quince años, no pensaba lo que pienso ahora ni tenía la misma idea de la vida, y eso es normal. Puedo asegurarte que me costó muchos años deshacerme de la idea de éxito y fracaso que siento que la sociedad nos inculca, y no fue hasta pasados los treinta y cinco años que empecé a cambiar mi mirada.

Te puedo contar qué es **para mí** el éxito ahora, que tengo unos cuantos años más, y no tiene nada que ver con tener fama o dinero. Para mí, **el éxito es pensar, sentir y actuar de forma coherente con mis valores y llevar una vida que me aporte bienestar**: estar rodeada de la gente que quiero, hacer el trabajo que me gusta y me hace feliz y tener tiempo para dedicar a lo que es importante para mí. Eso es lo que siento que es el éxito y el lujo, poder vivir la vida de una forma alineada con nuestros valores. El fracaso, en cambio, para mí es ser incoherente: sentir y pensar una cosa, pero hacer otra para quedar bien o para complacer a los demás; hacer lo que los demás quieren que hagamos, pero que nosotros detestamos porque nos da miedo ser fieles a nosotros mismos y eso nos hace llevar una vida que no nos llena ni nos satisface por miedo a no ser lo que se espera de nosotros, por ejemplo.

Te animo a darle vueltas a todo esto durante los días siguientes… Seguro que te va a liberar pensar que **no tienes que ser perfecto**, porque es imposible. Y también que vayas definiendo tu idea de éxito, la que más te guste, y te propongas llegar ahí.

RECUERDA: ERES TU MEJOR AMIGO O AMIGA, ¡¡¡POR FIN!!!

ME GUSTA ALGUIEN: ¿QUÉ HAGO?

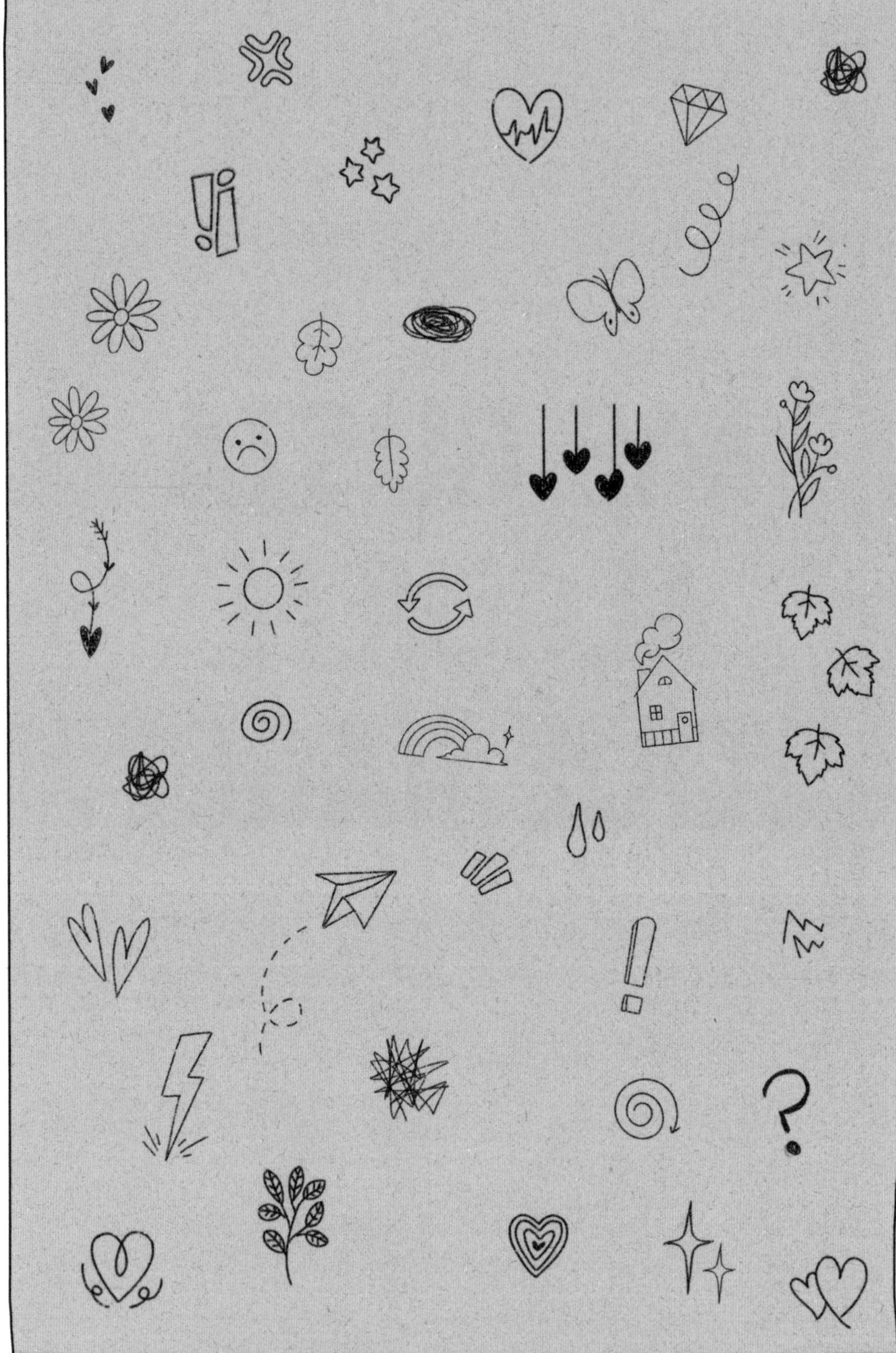

¿Te ha ocurrido ya, alguna vez, que te guste alguien? Puede que sí y lo recuerdas perfectamente, o puede que no y no te has sentido nunca atraído o atraída por alguien. Es posible que hasta ahora no te haya pasado nunca, pero que últimamente hayas notado que te **empiezas a fijar en personas** de otra forma, o que por dentro **sientes cosas** cuando estás cerca de cierta persona que cada vez te parece más especial. Sea lo que sea lo que te esté pasando en este sentido, es absolutamente normal y todo está bien. A veces, nos angustiamos porque algún familiar nos pregunta: «Bueno, ¿y ya tienes novia o novio?», y por nada del mundo hemos pensado en eso aún. O al revés, nos preocupa, porque estamos enamoradísimos de alguien de nuestra clase, pero a nuestros amigos o amigas no les pasa y creemos que somos los «raritos», por ejemplo.

Déjame hacer un paréntesis para decirte que **ningún adulto nos debería preguntar nunca, a estas edades, si tenemos novio o novia**. ¡Hay quienes lo preguntan incluso a niños de seis años! Nunca hay que hacer esta pregunta y puede hacer sentir mal

¿Per-do-na?

al niño o niña que la recibe. Así pues, que sepas que si alguna vez te la hacen, tienes todo el derecho del mundo a no responder o a decir algo como: «Preferiría que no me hicieras esta pregunta», o «Esta pregunta está fuera de lugar», o «No voy a responderte a esta pregunta», y te vas. Y si te dicen que eres un maleducado o maleducada, piensa que aún más lo es la pregunta que te acaban de hacer.

¿VERDAD QUE TÚ NO LES PREGUNTAS COSAS ÍNTIMAS DE SU VIDA? PUES ELLOS TAMPOCO LO DEBERÍAN HACER CON LA TUYA.

Pero volvamos a lo que nos ocupa ahora: **el amor**, que viene cuando viene y no hay un momento que sea más normal que otro. Hay personas más enamoradizas que otras y también nos podemos llegar a confundir: creemos que nos hemos enamorado de alguien, pero luego vemos que no, que solo nos gustaba un poquillo y que al cabo de unos días, en realidad, ya se nos ha pasado. Ahora estás en la edad en la que te pasen todas estas cosas y más, y lo primero que quiero que sepas es que **TODO ESTÁ BIEN** y que **todo lo que sientes es válido**. A esta edad, también puede pasar que notes que te atraen más las personas de tu mismo sexo y eso también es válido y normal. Quizá en tu entorno has oído o has notado ciertos prejuicios sobre las parejas del mismo sexo, pero, de

verdad, **tienes todo el derecho a querer y a que te guste quien tú quieras**.

Puede que también te haya ocurrido que, cuando tus padres o tus hermanos te preguntan sobre estos temas, sientes **vergüenza** y no quieres hablarlo con nadie porque lo vives como un tema muy **íntimo**. No pasa nada, si no te apetece compartirlo, no lo hagas. Pero tal vez tienes mucha confianza con alguien y sí que te gustaría explicar lo que sientes, pues adelante. Te lo digo para que **no te dejes presionar** por tu entorno y respetes lo que sientes y lo que te dicta el corazón, y si es no decir nada, pues no hables del tema. A veces, no queremos explicar lo que sentimos porque aún no lo sabemos seguro, porque estamos confundidos o porque no queremos mostrarnos vulnerables. Es válido, así que tranqui. Todo está bien.

Pero ahora pongamos por caso que te gusta alguien o que tal vez te has enamorado y no sabes muy bien qué hacer: es normal, porque las primeras veces todo es un poco confuso y aparecen muuuchos sentimientos y dudas. **El amor es algo muy bonito** y cuando estamos cerca de la persona que nos gusta sentimos algo muy especial dentro. Pero, atención: tenemos que aprender a distinguir el **BUEN AMOR** del que no lo es.

A tu edad, quizá aún no has reflexionado mucho sobre qué es el buen amor, y las relaciones amorosas que has visto a tu alrededor las has dado por buenas y has interiorizado que aquella forma en concreto que tenían de relacionarse debía de ser «buen amor». Recuerda la relación que has presenciado de tus abuelos, o la de tus padres, o la de tus tíos, o la de unos amigos de tus padres... Seguro que te has dado cuenta de que hay quienes son más expresivos que otros, algunos se dan más muestras de afecto en público, otros discuten delante de los demás, otros se dicen cosas bonitas y otros no, etc. Hay otras relaciones de amor que hemos visto: las de las películas, los dibujos animados, las series de televisión, etc. Y pasa lo mismo: hay de todo, no solo «buen amor».

A veces, las relaciones pueden ser tóxicas y las personas implicadas, en vez de tratarse bien, se tratan mal y se hacen daño. Con tonos de voz despectivos, con insultos, con chantajes emocionales, ignorándose cuando se enfadan, despotricando el uno del otro, etc. Bueno, pues esto no es el «buen

amor». Esto es otra cosa que se llama **DEPENDENCIA** y **RELACIÓN TÓXICA**. Si te lo planteas de forma lógica, no se termina de entender: si se hacen daño, ¿por qué están juntos? Pues porque a veces han creado una dinámica a la que, por lo que sea, los dos están viciados y no saben cómo salir de ahí. Pero **eso no es amor, es necesidad** de estar enganchado a esta forma de relacionarse, tal vez porque no han visto ningún otro modo, o no lo saben hacer de otra forma, o no tienen herramientas para darse cuenta de que esto no es buen amor ni una relación plena.

Por eso quiero pedirte que prestes atención a cómo te relacionas con la persona que te gusta y detectes si crees que **es buen amor o no**. ¿Cómo?

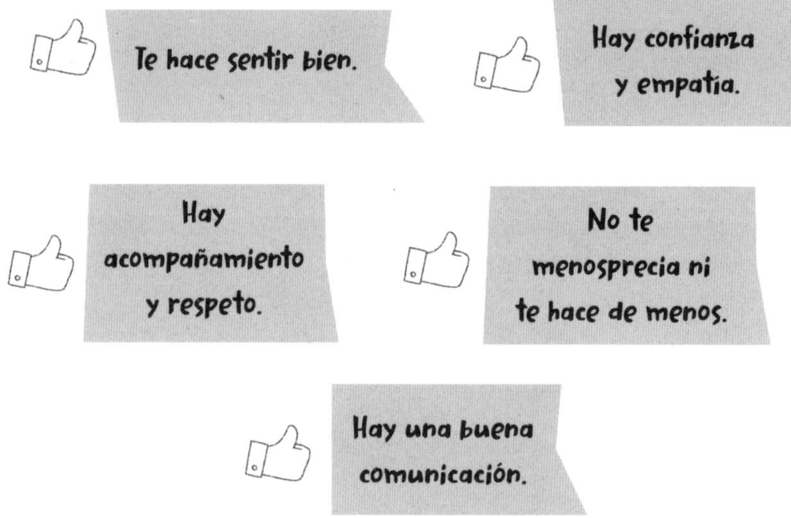

Es posible que algún día tengas un desengaño amoroso y la persona que te gusta te diga o te demuestre que no le gustas o que se ha enamorado de otra. Eso nos ha pasado a todos algún día u otro y forma parte de la vida. Nos toca aceptarlo y confiar en que algún día sí que podrás vivir un buen amor correspondido. Intenta no entrar en **«MODO DRAMA»** y verlo todo negro, porque este momento tan desagradable que tal vez ahora sientes también pasará.

¿PASAMOS A LA PRÁCTICA?

¿Qué te parece si prestamos un poco de atención a las relaciones de amor que has visto a tu alrededor, ya sea entre adultos o entre amigos o amigas tuyas? **¿Crees que lo que compartían era «buen amor»? ¿Qué no te terminaba de encajar?**

¿Cómo te gustaría que fuese tu relación de buen amor? ¿Qué crees que es importante para ti en una relación con una persona que te guste?

¿A veces tienes vergüenza, miedo o te sientes bloqueado cuando piensas o hablas de estos temas? Si es que sí, ¿por qué crees que te pasa?

Escribe a continuación aquello que creas que te podría ayudar a superar un desengaño amoroso. Por ejemplo, quedar con los amigos o hablarlo con alguien que te anime y que te apoye.

Deseo con todo mi corazón que algún día te enamores y seas correspondido y crees, con tu pareja, una relación basada en el «buen amor». ¡Que la disfrutéis al máximo y aprendáis muchas cosas! El amor es algo maravilloso. Creo, sinceramente, que, además de a aprender, a esta vida también hemos venido a amar y a ser queridos, y el amor es una de las cosas que más nos ayuda a vivir.

Y RECUERDA: EL AMOR QUE TIENES QUE CULTIVAR CADA DÍA ES EL AMOR PROPIO, EL AMOR HACIA TI, TU AUTOESTIMA. CUANTO MEJOR SEA, MÁS FÁCILMENTE DETECTARÁS Y TE ALEJARÁS DEL «MAL AMOR».

NADA ES PARA TODA LA VIDA

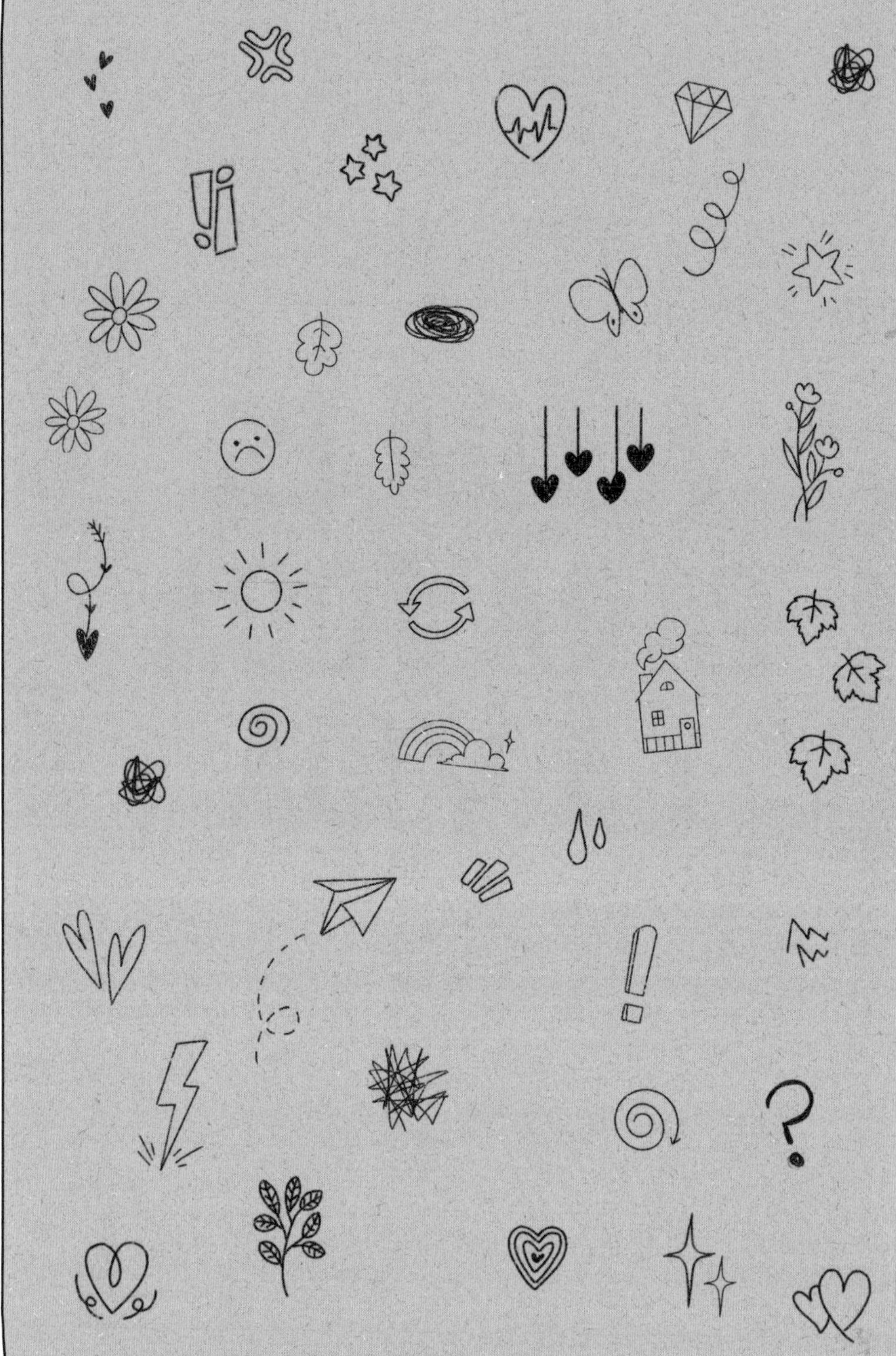

Ahora te voy a contar algo que a mí me ha ayudado mucho en momentos difíciles, y es que, **sea lo que sea lo que te esté pasando, no va a durar toda la vida**. Tanto la preadolescencia como la adolescencia pueden ser muy **INTENSAS** y es posible sentir mucha confusión, tener la sensación de estar perdido y puede haber conflictos de todo tipo con la familia y los amigos. Eso hace sufrir mucho y a veces genera sentimientos de desesperación, ansiedad, etc., pero, en serio:

NADA DURA TODA LA VIDA Y LO QUE AHORA SIENTES, TAMPOCO.

Pero... ¿y si lo que estás viviendo ahora mola un montón? Pues tampoco va a durar para siempre, así que es muy importante que **lo valores y lo saborees**, para que te llene y te dé energía para cuando lleguen momentos un poco más difíciles. La vida es lo que ocurre ahora, en este preciso instante. El presente, el ahora, es lo que de verdad importa, porque el pasado en este momento ya es solo un recuerdo y el futuro,

lo que está por llegar, es una fantasía, porque no sabemos qué será. **Todo sucede AHORA**. ¿Qué quiero decir?

AHORA
NOW

* Cuando ocurrió algo del **pasado** que te gustó o que te hizo sufrir, pasó en aquel momento concreto. Cuando lo viviste era tu «AHORA».
* El **futuro**, cuando llegue, también lo vivirás en el «AHORA», y cuando pase dejará de ser futuro y ya será presente.

Por tanto, **lo único que tenemos es el presente, el AHORA, y el ahora es importante porque te puede ayudar mucho a vivir tu vida de una forma más tranquila y plena**. ¿Cómo? Pues cuando estés viviendo una emoción intensa que te sea muy desagradable, saber que la vives ahora, pero que este momento no durará para siempre, te ayudará a poderla respirar y hacerle frente. Cuando algo del futuro te agobie o te pongas a pensar en el «¿Y si…?», centrarte en el presente te hará dejar de sufrir, porque te darás cuenta de que aquello que te imaginas **NO** está pasando ahora y eso hará cambiar la manera como te sientes. Y cuando algo del pasado te angustie y te haga sentir mal, saber que ahora estás en otro momento y puedes hacer cosas para «digerir» de alguna forma aquel pasado incómodo también te ayudará mucho a vivirlo mejor.

NADA ES PARA TODA LA VIDA

Cuando piensas que los malos momentos no durarán toda la vida y que todo está en constante movimiento, ¿no te anima? Saber que es **temporal** y que pasará ¿no te hace sentir mejor?

Tenemos la manía de pensar mucho en lo que ya no tenemos (**PASADO**) o en lo que nos gustaría tener (**FUTURO**) y de no darnos cuenta, en cambio, de lo que sí que tenemos y que nos gusta **AHORA**. Por ejemplo, ¿no has oído alguna vez aquello de: «No sabes lo que tienes hasta que lo pierdes»? Eso pasa mucho. No valoramos las cosas, las personas o las situaciones del presente que nos hacen sentir bien porque las damos por supuestas, como si tuvieran que estar ahí para siempre, ¡y no! Todo pasa y eso también pasará. Te pongo ejemplos con los que tal vez te sientas identificada:

* Das por hecho que siempre tendrás a tu hermano o hermana y solo le encuentras defectos, **sin valorar cuando conectáis** y os lo pasáis bien.
* **No te fijas en las cosas buenas que tiene tu presente** porque crees que siempre será así y que nada va a cambiar.
* **No valoras el sitio en el que vives y la comida que te hacen en casa**, etc., hasta que cambias de sitio (o de país o de comida) y no te das cuenta de lo mucho que te gusta lo que tienes cada día.

LA VIDA Y LA MUERTE

La verdad es que la vida **también se acaba**. No he abordado este tema aún en el libro, pero la muerte es inevitable para todo el mundo y es tan real e importante como la vida. De hecho, la vida y la muerte no pueden entenderse la una sin la otra. Pero ¿qué pasa? ¡Que la muerte es un tema tabú! ¡No se habla de eso! ¿Por qué? **PORQUE NO GUSTA** y porque:

* Es **incierta**, no sabemos cuándo va a ocurrir y eso nos inquieta. Y como nos inquieta, no queremos hablar de esto para no sentir todas las emociones que nos provoca cuando pensamos en ella.
* Nos hace **sufrir** porque sentimos que podemos perder a personas que son muy importantes en nuestra vida y evitamos pensar en ella fingiendo que, así, no existe.
* Se nos ha inculcado que la muerte es **mala** e **injusta** y la percibimos con recelo, no como algo tan natural como la vida.

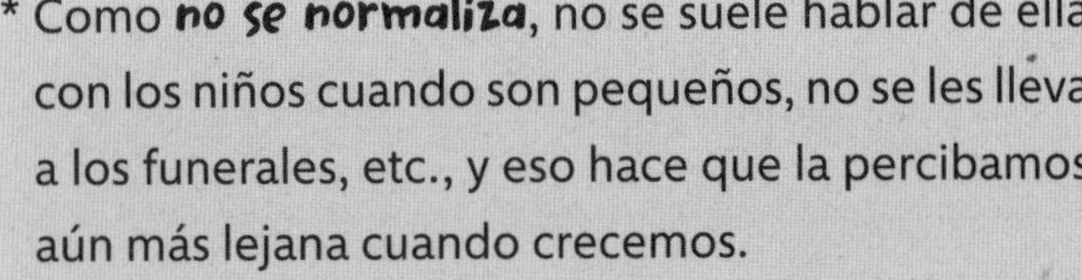

* Como **no se normaliza**, no se suele hablar de ella con los niños cuando son pequeños, no se les lleva a los funerales, etc., y eso hace que la percibamos aún más lejana cuando crecemos.

* Como no la hemos normalizado, cuando ocurre, se nos cae el mundo a los pies y no sabemos qué hacer para transitar el **duelo** porque nadie nos ha enseñado a hacerlo.

Debo confesarte que, a mí, el tema de la muerte me encanta. No quiero decir que me encante que se muera la gente, para nada, sino hablar de ella. Me ayuda a ser más consciente de mi vida y a valorarla aún más, cada instante, por pequeño que sea, porque sé que puede terminar. Yo, cuando tenía tu edad, le tenía **PÁNICO** a la muerte. Me iba a dormir y tenía miedo de morirme yo o de que se muriesen mis padres. Y cuando tuve hermanos, tenía miedo de que les pasara algo y recuerdo que me imaginaba que, si se morían, ¡yo me moriría también! **¡LO PASABA FATAL!**

Cuando tenía veintidós años más o menos se murió mi abuelo paterno y lo viví muy mal, aunque pude estar muchas horas con él en el hospital. No entendía por qué se tenía que morir, pero, como era mayor y estaba enfermo, pensé que así, al menos, no sufriría. Sin embargo, al cabo de unos años, se murió un amigo mío escalando en los Alpes franceses y aquello me cogió por sorpresa. Podía tolerar que se muriera mi abuelo, que era mayor, pero ¿mi amigo? ¡Ni hablar! Aquello fue un golpe **MUY DURO**, pero, a la vez, me obligó a valorar aún más cada instante.

Entonces, me puse a leer a expertos sobre la muerte, médicos que habían acompañado a muchas personas a punto de morir, lo que explicaban, de qué se arrepentían... O personas que habían estado muertas durante unos minutos y las habían reanimado: qué contaban, qué habían visto o notado... Aquello me hizo darme cuenta de que somos mucho más que un cuerpo y que la energía que **somos cada uno de nosotros no se crea ni se destruye, solo se transforma**.

O SEA, QUE ENERGÉTICAMENTE PODEMOS SEGUIR CONECTADOS, HAY MUCHO MÁS QUE NO SE VE NI SE PUEDE TOCAR.

Años más tarde escribí *El hilo invisible*, que ha ayudado a muchas familias a **transitar la muerte** de un ser querido mucho mejor, transmitiendo la idea de que estamos conectados siempre, aunque no estemos juntos o aunque alguien ya no esté. Ahora saben que **el vínculo va más allá del tiempo y del espacio y que se mantiene pase lo que pase**. Pero ¿sabes qué es lo que más me apasiona de la muerte? Que te hace ser más consciente de la vida. De lo que tienes, de lo que haces, de las personas de las que te rodeas…

A mí, pensar que un día me voy a morir me ayuda a **no perder ni un minuto** en cosas que no me aporten algo positivo en la vida. Me ayuda a valorar a las personas que quiero y a ser consciente del tiempo que compartimos apreciándolo como un regalo. Me ayuda a tener claro cómo quiero que sea mi día a día, en qué quiero invertir mi tiempo y mi energía, etc.

EN RESUMEN: TENER PRESENTE LA MUERTE ME DA CALIDAD DE VIDA.

En cambio, si pensara que nunca me voy a morir y diera por hecho todo lo que tengo, seguramente valoraría mucho menos mi presente y las personas que lo conforman, y eso haría disminuir la calidad de nuestras relaciones.

Así pues, **la muerte no debe servir para darnos miedo y agobiarnos, sino para animarnos a vivir la vida de una forma más consciente y plena**. Si eres consciente de que los abuelos se van a morir, ¿no pondrás más atención a lo que os digáis, al abrazo que te den, a la comida que te preparen? Y como con este ejemplo, con todo. Te explico esto para que puedas valorar y agradecer las cosas y las personas que tienes cerca, porque eso hará que tu vida adopte otro color, más brillante y bonito.

¡Sí, vivir!

¿Qué cosas y personas de tu vida valoras más ahora mismo?

¿Qué sientes que no has valorado lo suficiente y que algún día puedes perder?

¿Qué crees que puedes hacer para ser más consciente de las cosas buenas que llenan tu vida? ¿Te comprometes a tenerlo más presente cada día?

¿Te da miedo la muerte? Si es así, ¿por qué?

¿Con quién te gustaría sentirte conectado para siempre con el hilo invisible?

Recuerda, **la vida y la muerte son parte de una misma cosa**. En la naturaleza todo es cíclico: las estaciones, los cultivos, los animales... Y nosotros formamos parte de esta naturaleza y también tenemos un ciclo vital que nos une a todo: a la luna, a las estrellas, al universo, a las plantas y a todo el reino animal.

SER CONSCIENTE DE QUE FORMAS PARTE DE TODO ESTO TAMBIÉN PUEDE AYUDARTE A PERDERLE EL MIEDO A LA MUERTE Y A VIVIR MÁS PLENAMENTE TU PRESENTE.

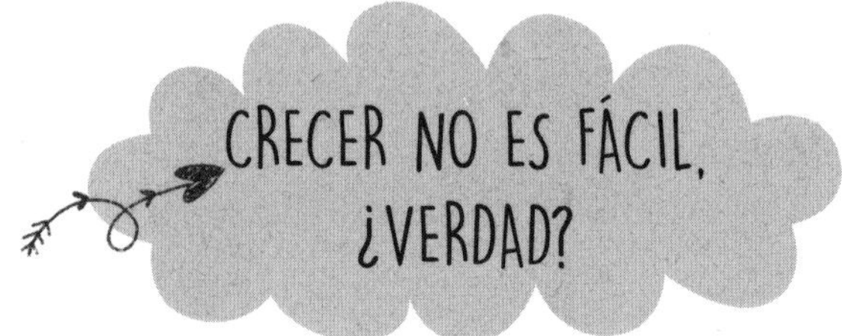

PERO... QUÉ COMPLICADO ES CRECER, ¿NO? ¡UF! ¡A MÍ ME LO PARECE!

Desde que somos bebés y estamos dentro de la barriga de nuestra madre… Qué difícil debe de ser pasar por el canal del parto, ¿te lo imaginas? ¡Literal que tiene que dar un miedo que flipas! O cuando ya eres más mayor, pero sigues siendo un bebé que no sabe hablar ni caminar ni nada… **¡Qué complicado no poder expresar lo que te pasa!** O cuando creces y vas a un jardín de infancia con tantos otros y echas de menos a mamá y a papá y no entiendes nada, y tampoco sabes si te vendrán a buscar porque no tienes noción del tiempo y no comprendes qué ocurre… **¡UF!** O cuando ya vas a primaria y echas de menos cosas de cuando eras más pequeño y ves que todo eso (como que te lleven a caballito o te acompañen a la cama) tu hermano sí lo tiene… O cuando un día, en el patio, un grupo que crees que son tus amigos te dicen que no puedes jugar más con ellos… O cuando en casa te explican que ahora ya eres mayor y tienes que

hacer cosas para las que aún no te sientes preparado... O cuando actúas de formas que no te gustan, pero sientes que no sabes hacerlo de otro modo... O cuando te preguntan «¿Qué quieres hacer de mayor?» y tú no tienes ni idea de qué contestar...

Crecer no es fácil, pero ¡no solo cuando eres pequeño o adolescente! Cuando eres adulto, también cuesta. ¿No has oído hablar de la «crisis de los cuarenta»? ¿Qué quiere decir? ¡Pues que les da palo crecer y hacerse aún más mayores! ¿Sabes por qué cuesta tanto? **Porque crecer significa cambiar.** Estamos cambiando siempre y los humanos no somos muy fans de los cambios, porque nos gustan las cosas cómodas, poder hacer previsiones, saber qué pasará... Y cuando crecemos, no sabemos qué ocurrirá y eso nos hace sentir una incertidumbre que no nos mola nada.

Sin embargo, el cambio es **inevitable**. Aunque tú digas: «no, yo no quiero cambiar nunca y mi vida va a ser siempre igual», no lo vas a conseguir, porque el cambio es natural y no se puede frenar. Y no solo eso, sino que el cambio es bueno, porque significa que creces, que maduras y, sobre todo, que aprendes cosas y aunque a veces nos dé palo…

¡HEMOS VENIDO A APRENDER, A CRECER Y A EVOLUCIONAR!

¡crecer, nooo!

Pero **es normal que algunas veces sientas que crecer te cansa o te da miedo o que, simplemente, no quieres**. Te entiendo. A mí a menudo también me gustaría quedarme como estoy y no seguir haciéndome mayor, ja, ja, ja…, pero luego también pienso que la alternativa a no crecer (que es morirme) no me apasiona demasiado, ¡así que me conformo con eso!

Y tú ¿cómo llevas esto de hacerte mayor? Te he hablado de los cambios, pero no te he comentado que algunos de estos que tanto miedo nos dan son corporales. Por ejemplo, en la **PUBERTAD** se producen muchos cambios en los cuerpos de niños y niñas: sale pelo en algunas zonas, crecen los pechos en el caso de las chicas, y les viene la regla; a los chicos les cambia la voz, y también la forma y las medidas del cuerpo, salen granitos en la cara, etc. Eso no es fácil de aceptar, a veces, porque **es como si el cuerpo fuera por libre y perdiéramos el control sobre él**. De hecho, nunca hemos tenido el control de nuestro cuerpo, pero como no hay cambios tan bestias, nos parecía que sí. Sin embargo, durante la pubertad, en ocasiones le dirías al cuerpo: «¡¿Quieres hacer el favor de controlarte, que se te está yendo la pinza y no me reconozco?! ¿En quién me estás convirtiendo?».

Además de los cambios físicos, también experimentas cambios hormonales, psicológicos y otros que te hacen sufrir **cambios de humor, cambios en tu forma de pensar y ver el mundo** que te rodea... ¡y eso puede asustar! Por eso, a menudo hay personas que aseguran que **¡NO QUIEREN CRECER!** Por suerte, todos los cambios luego se van asentando y cada vez son más fáciles de asumir. Por el contrario, hay gente que solo piensa en ser adulta y quiere crecer cuanto más rápido, mejor. En ocasiones, incluso hacen cosas que no se corresponden con su edad: tienen diez años y se comportan como si tuvieran diecisiete, o tienen catorce y se creen que ya son mayores de edad, y no. Más que intentar no crecer y rechazar cualquier cambio o querer que llegue todo demasiado deprisa y fingir que estamos en una etapa en la que no estamos, lo mejor es aceptar el presente, el momento que estamos viviendo y recibirlo con los brazos bien abiertos. **¡La vida es AHORA!**

RECUERDA TAMBIÉN LO QUE HEMOS APRENDIDO ANTES: ¡NADA ES PARA SIEMPRE!

¿PASAMOS A LA PRÁCTICA?

Ahora te voy a pedir que respires profundamente y respondas estas preguntas con el corazón en la mano, con sinceridad absoluta, porque así vas a aprender más cosas sobre ti…

¿Crees que te cuesta crecer? Si es que sí, ¿por qué?

¿Piensas que, al revés, tienes muchas ganas de hacerte mayor y crecer? Si es que sí, ¿por qué?

¿Qué crees que podrías «perder» si creces?

De las etapas que has vivido hasta la fecha, ¿cuál ha sido la más difícil para ti? ¿Por qué?

Tanto si te da palo crecer como si no, quiero decirte que me alegro mucho de que estés aquí y que poco a poco vayas aprendiendo, creciendo y evolucionando. Me encantaría ver por un agujerito la persona que eres y la persona en la que te vas a convertir.

¡¿NO TE PARECE APASIONANTE?!

EPÍLOGO: ¡MOLAS MUCHO, NO LO DUDES NUNCA!

Este libro va acabando y si has llegado hasta aquí significa ¡que no lo has tirado a la basura! ¡Me alegro muchísimo! **¡¡¡GRACIAS!!!** Pero aún hay algunas cosillas más que quiero comentarte y que creo que son importantes. Puede ser que, en esta etapa que ahora te toca vivir, haya momentos en los que te sientas absolutamente a la deriva, como si a tu barco se le hubiera roto el timón. Es normal, todos pasamos alguna etapa en la que sentimos mucha confusión, como si no hubiera nada seguro o como si hubiésemos perdido el control de todo.

Gracias, ja, ja, ja

Bueno, pues la verdad es que nunca tenemos el control de todo y **lo único que podemos controlar, solo un poquito, es a nosotros mismos**. Pero a menudo nos parece que sí, que podremos controlar el instituto, lo que pase con los amigos o con esa persona que nos gusta, y no es así. Pero podemos tratar de encajar mejor esta imprevisibilidad de la vida si tenemos el control de nosotros mismos. ¿Cómo? Presta atención, porque esto es importante:

1. **Conecta con tu interior:** allí está tu fuente, tu luz, tu intuición, y es tu guía. Cuanto más presente lo tengas, más fácil será hacer frente a estos momentos un poco rollo que a veces te traerá la vida.
2. **Rodéate de personas que sumen y aléjate de las que resten:** seguro que has notado que hay personas que te cargan de energía y otras que te la absorben. Escoge bien, porque te mereces poder contar con un buen entorno que te apoye y te aporte.
3. **Respira:** aprende a respirar profundamente y hazlo varias veces cada día y de forma consciente. Cuando te levantes, antes de ir a dormir, cuando estés esperando el bus, etc. Te ayudará mucho a observar tu vida y tus momentos con más perspectiva.
4. **Confía:** si pudiéramos ver el futuro, seguro que veríamos cómo muchas cosas que nos han angustiado o preocupado en un momento muy intenso de nuestras vidas luego han pasado, se han resuelto y que todo eso nos hizo crecer y aprender muchas cosas. Quizá si confiamos más en la vida y en sus «planes», podremos vivir un poco más tranquilos sabiendo que al final, cuando podamos ver el dibujo terminado, todo tendrá mucho más sentido. La confianza nos ayuda a ser más resilientes, a aceptar más el presente que nos toca vivir y a poderlo hacer con más fortaleza.

Es muy importante que **conectes profundamente con quien tú eres**, con tu autenticidad, porque ya te he dicho antes que eres único o única y suficiente, y que el mundo te necesita. ¡Sí, te necesitamos! ¡A ti! Todos tenemos nuestro lugar y todos estamos aquí para aprender, para amar y ser queridos, para caernos y levantarnos, para surfear las olas a pesar de que a menudo nos parezcan imposibles de superar y para ver, también, que a veces lo conseguimos: que la vida es ahora y que todo pasa.

¡Bravo tú!

Te propongo hacer un último miniejercicio de práctica antes de irnos despidiendo:

Ahora que estás a punto de terminar el libro, ¿te parece que sabes mejor cómo surfear las olas de la vida? ¿Qué te ha aportado leerlo?

¿Qué es lo que has leído en este libro y que se te ha quedado grabado en el corazón? ¿Y qué crees que te puede ayudar más?

Antes de terminar, quiero proponerte algunas frases que te pueden ir muy bien en momentos de frustración, de nerviosismo, de baja autoestima, de colapso o de tristeza, por ejemplo. Repítetelas poco a poco para que vayan calando en tu interior:

¡YO PUEDO!

TODO PASA Y ESO TAMBIÉN PASARÁ.

Tengo mi lugar en el mundo y estoy conectada o conectado con mi esencia.

Cuido mi hogar interior, lo tengo presente y lo honro.

SOY VALIOSO O VALIOSA.

Solo puedo cambiar las cosas de las cuales soy consciente.

Me equivoco y aprendo. No quiero ser perfecto o perfecta, sino mi yo más auténtico.

AMO Y ME QUIEREN.

Ojalá estas frases te den **PODER** y **FUERZA** cuando lo necesites.

Llega ese momento, tan difícil a veces, de decir adiós. Cuesta, porque cuando se ha compartido un tiempo bonito, de alguna forma, no quieres que termine. Pero, ya lo sabes, todo pasa, y los libros también se acaban. Sin embargo, lo más importante de un libro es que **te deje huella**, como un eco de aprendizajes y de bienestar o de incomodidad que te haya hecho pensar, sentir y, de alguna manera, quién sabe si también transformarte, aunque sea un poquito muy poquito. Yo he disfrutado muchísimo escribiéndolo y no me ha dado **NI PIZCA** de pereza sentarme tantas horas para escribir estas páginas, al contrario. ¡Me moría de ganas! Me levantaba y pensaba: «¡Qué bien, hoy me toca escribir *Molas mucho*!». ¡Y ya me despertaba contenta!

No sé qué ha significado para ti leer este libro. Ya lo has escrito, pero como yo no estoy cerca de ti para poder leer qué has ido contestando, me encantará, si quieres, que me lo expliques directamente. **Me puedes mandar un correo electrónico a info@miriamtirado.com** y contarme lo que sientas. Yo quiero decirte que te he tenido presente durante todo el libro, como si estuvieras en esta misma mesa desde la que te escribo y como si todas estas palabras te las estuviera diciendo de viva voz. Aunque parezca imposible, **he escrito este libro contigo a mi lado** y tú me has inspirado en cada capítulo y en cada palabra.

DE VERDAD, OJALÁ TE HAYA AYUDADO DE ALGUNA FORMA.

A mí me habría encantado leer algo así cuando tenía tu edad y en vez de eso, como no existía nada parecido, me dediqué a escribir mis diarios. Pero qué bien me habría ido para tener más herramientas y sentir que alguien ponía palabras a todo aquello que me ocurría.

¿Sabes qué? **MOLAS MUCHO** y ojalá que crezcas sabiéndolo en el fondo de tu corazón, aunque haya momentos que no te lo parezca. Tú, cuando vengan momentos como estos, piensa en este libro y visualiza la portada. Imagínate que estoy cerca y que te digo: «Oye, ahora es un momento complicado, pero recuerda: ¡MOLAS MUCHO! ¡Y lo sabes!». Porque sé que en el fondo lo sabes y siempre lo has sabido. Todos tenemos ese hogar interior, ¿recuerdas? Y este hogar nos ilumina y nos dice, todo el rato, pese a que a veces no lo podamos oír: «¡Eh, que molas un montón! ¡Sigue hacia delante! ¡O sigue surfeando, mejor dicho!».

DESPEDIDA

Ahora sí, ¡se acabó la lata! Ja, ja, ja… Espero que este libro no te haya parecido un tostón, pero ahora sí que sí. Acabo dándote las gracias por leerme y diciéndote que ha sido un placer.

¡Ojalá nos encontremos pronto en otras páginas!

Un abrazo inmenso,

Miriam Tirado

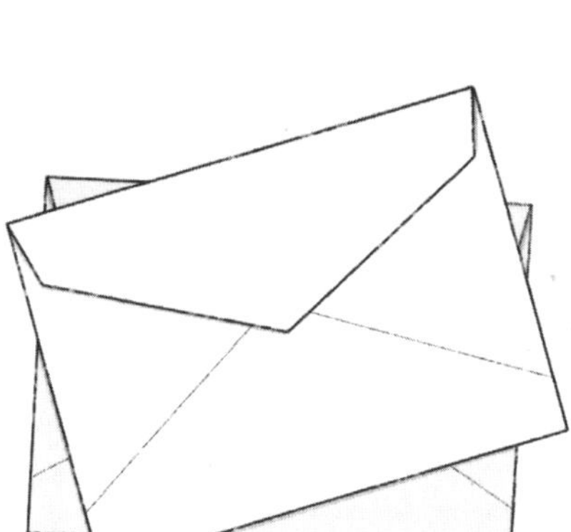

Lecturas conscientes para aprender a acompañar las emociones en diferentes etapas de la vida.

☐ ☐ ☐

☑

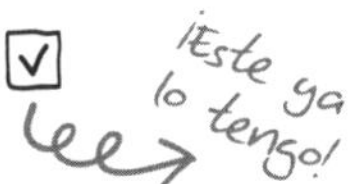

03 01